郑州市基础教育教学研究室研究成果

"悦学课堂"下基于语篇的小学英语教学实践

陶继红 ◎ 主编

郑州大学出版社

图书在版编目(CIP)数据

"悦学课堂"下基于语篇的小学英语教学实践／陶继红主编. -- 郑州：郑州大学出版社，2024.11.
ISBN 978-7-5773-0788-6

Ⅰ. G623.312

中国国家版本馆 CIP 数据核字第 2024JU2988 号

"悦学课堂"下基于语篇的小学英语教学实践

"YUEXUE KETANG" XIA JIYU YUPIAN DE XIAOXUE YINGYU JIAOXUE SHIJIAN

策划编辑	张 帆	封面设计	王 微
责任编辑	王 配 张 帆	版式设计	苏永生
责任校对	吴 静	责任监制	朱亚君

出版发行	郑州大学出版社	地 址	郑州市大学路 40 号(450052)
出 版 人	卢纪富	网 址	http://www.zzup.cn
经 销	全国新华书店	发行电话	0371-66966070
印 刷	郑州市今日文教印制有限公司		
开 本	787 mm×1 092 mm 1 / 16		
印 张	14.5	字 数	302 千字
版 次	2024 年 11 月第 1 版	印 次	2024 年 11 月第 1 次印刷

书 号	ISBN 978-7-5773-0788-6	定 价	48.00 元

作者名单

主　编　陶继红

编　委（按姓氏笔画排序）

　　　　齐　顺　李宋佳

　　　　杨　柳　杨　聪

　　　　张秋芳　崔吉娟

　　　　谢　俊

前　言

　　核心素养的新时代教育要求教师要以培养"全面发展的人"为核心,深入开展教育教学活动。2022 年,《义务教育英语课程标准(2022 年版)》与《义务教育课程方案(2022 年版)》重磅发布,确立素养导向教学目标,强调课程内容统整与单元整体教学设计,倡导"乐学善学"理念,为激发学生学习效能指明方向。与此同时,符合新时代要求的课程教材体系不断完善,教育教学改革和人才培养模式改革不断深化。为了学生的发展,广大一线教师持续在更新教育理念、改革教学方法、推进教学育人等方面进行探索。

　　郑州市围绕义务教育英语课程标准的实施,找准小学英语学科教学中的痛点和难点问题,通过"悦学课堂"教学理念中六大主要教学模型的提炼、教学策略的梳理等,帮助一线教师在教学实践中准确把握并落实课程标准的思想精髓和要求,促进新课程理念与教学实践之间的深度融合,全面提高课堂教学质量。

　　"悦学课堂"强调以学生为中心,注重学生的实践探索和学习体验,关注学生的学习结果和学习态度,构建了"乐学—善学—悦学"进阶路径,实现"做中学,乐中学,智慧学"。为此,我们发动教研骨干力量和骨干教师们,凝聚大家的实践智慧,形成了《"悦学课堂"下基于语篇的小学英语教学实践》一书。该书提炼出了六大教学模型,分别为"ALPE"词汇课教学模型、"PIPC"对话课教学模型、"MAGIC"语音课教学模型、"I-READ"阅读课教学模型、"ATTRACT"读写课教学模型和"AEAE"复习课教学模型。这六大模型的构建,旨在为教师提供系统化的教学策略,帮助他们在课堂上更有效地引导学生,精准赋能学生核心素养培育。

　　在"悦学课堂"实践过程中,我们构建了多层级教师成长体系,旨在对教师进行专业引领和指导。首先,我们带领教师开展关于"悦学"和"单元整体教学"的相关理论研究,通过深入学习和探讨,夯实教师理论根基。其次,我们开展了基于单元整体设计的单课教学探索与实践,鼓励教师在实际教学中灵活运用新理念和新方法,提升课堂教学效果。我们相继开展了郑州市"悦学课堂"下单元整体教学观摩研讨系列活动,组织了"悦学课堂"六大教学模型研讨展示活动,邀请各校教师共同参与,通过观摩、讨论和分享,促进教师之间的交流与学习,提升整体教学水平。这些活动不仅为教师提供了学习和交流机会,也为他们的专业发展搭建了平台。通过理论研究与实践探索的深度融合,使教师们能够精准把握"悦学课堂"的精髓,加速推进自主合作探究的学习方式的变化,更好地实施素养导向的课堂教学,促进学生全面发展。

"双新"背景下,将新课标理念融入现行教材教学仍面临诸多挑战,而基于六大教学模型的研究学习,是一线教师领悟课程理念、明确方法路径、创新教学手段的重要途径,成为教师突破困局的核心抓手。未来的教学实践中,我们将持续深化"悦学课堂"六大教学模型的研究与应用,动态优化教学策略以适配多变的教育需求。同时希望通过本书分享,为教师提供启发与借鉴,促进小学英语教育教学的发展,助力培养全面发展的新时代人才,也期待教师在学习借鉴的基础上,立足校情学情,大胆实践、勇于创新。

本书由陶继红主编,核心成员李宋佳、杨聪、崔吉娟、张秋芳、齐顺、谢俊、杨柳等带领各小组协同推进,近百位教师共同参与,历时近一年半,每一个细节都经过斟酌推敲,但仍难免存在疏漏和瑕疵,真诚希望广大教师提出宝贵意见与建议。开展基于语篇的教学实践,我们一直在路上。

在此,谨向河南省基础教育课程与教学发展中心及所有为此书奉献智慧和心血的参与者和支持者致以诚挚谢意。希望本书能成为一线教师进行教学设计、上好每一堂课的案头指南,推动"悦学课堂"迈向新高度。

陶继红

2024 年 8 月 10 日

目　录

第一章　绪论

随着我国教育的不断进步和改革,教育理念也在不断更新。近年来,中国的教育政策强调素质教育,提倡通过学科教学实现育人目标。《义务教育英语课程标准(2022 年版)》(以下简称义教新课标)明确指出,教师要把落实立德树人作为英语教学的根本任务,全面把握英语课程的育人价值。这表明小学英语教学不再仅仅关注知识和技能的传授,而是更加重视学生核心素养的发展,包括语言能力、文化意识、思维品质和学习能力等方面,从而逐步形成适应学生个人终身发展和社会发展需要的正确价值观、必备品格和关键能力。

然而,如何在课堂教学中有效落实育人目标是当前小学阶段教师的主要困惑,大部分英语教师对学科育人缺乏正确的理解和认识、缺乏行之有效的实施策略、缺乏科学的教学模式等问题导致育人目标与国家要求仍有差距。因此,我们提出"悦学课堂"这一教学理念,旨在通过教师教学方式和学生学习方式的创新变革,引导学生在学习知识、运用知识的过程中获得满足感,激发学生的内在学习动机,让学生真正享受学习,体会学习的快乐,从而"润物细无声"地实现学科育人。

一、"悦学课堂"下基于语篇的小学英语教学背景及意义

(一)时代背景

随着全球化、信息化、知识化等多重因素推动的教育变革的发生,随着科技的快速发展和社会结构的深刻变化,人们面临着前所未有的机遇和挑战。

一是全球化和信息化的加速使教育者必须重视培养学生的国际视野和跨文化交流能力,以便他们能够适应全球化的工作和生活环境。二是知识经济的崛起要求劳动者不仅要有扎实的专业知识,还要具备创新能力和终身学习的能力。教育系统需要调整其培养目标,以适应知识经济对人才的新要求。三是随着社会的转型,对人才的需求也在发生变化。现代社会需要的不再仅仅是知识型人才,而是能够适应社会变化、具有创新精神和实践能力的复合型人才。四是为了应对上述挑战,各国纷纷进行教育改革,强调核心素养的培养。我国在 2014 年提出了全面深化课程改革,明确了立德树人的根本任务,并提出了构建各学段学生发展核心素养体系的目标。

在素养发展的时代背景下,小学英语教学被赋予了新的使命和要求,即通过教学来培养学生的核心素养,如批判性思维能力、跨学科能力等,以适应未来社会的需求。"悦学课堂"这一教学理念正是倡导将语言学习与文化理解、情感态度及价值观教育相结合,这不仅提高了学生的综合语言运用能力,而且在多模态的语篇教学中,学生不仅学习语言本身,还接触到了不同的文化背景和价值观,有助于他们开阔眼界,理解和尊重不同的文化,从而更好地适应全球化的世界,培养跨文化交际能力。

(二)课标要求

本书所提出的"悦学课堂"这一教学理念,在义教新课标中有明显体现。一是关于"悦学",义教新课标明确提出教师要引导学生"乐学善学",提高其学习能力;二是关于"基于语篇的教学",义教新课标也给出了明确的教学方向。(图1-1)

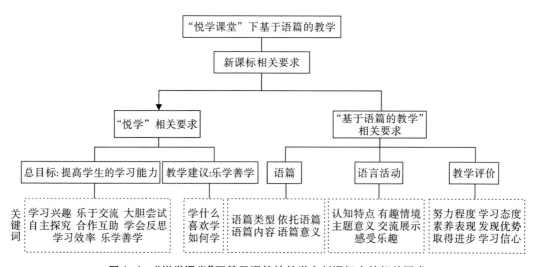

图1-1 "悦学课堂"下基于语篇的教学在新课标中的相关要求

1. 对"悦学"的相关要求

义教新课标在课程总目标(4)"提高学习能力"方面明确指出要引导学生乐学善学:要能够帮助学生树立正确的英语学习目标,保持学习兴趣,主动参与语言实践活动;在学习中注意倾听、乐于交流、大胆尝试;学会自主探究,合作互助;学会反思和评价学习进展,调整学习方式;学会自我管理,提高学习效率,做到乐学善学。"悦学课堂"重视学生学习方式的变革,在课堂教学中引导学生提高学习效率,培养学生内在学习动机和学习兴趣,从而提高学生的学习能力。作为核心素养发展的关键要素,学习能力的发展有助于学生掌握科学的学习方法,养成良好的终身学习习惯。

同时,义教新课标在"教学建议"中也指出要关注学生学的状态:英语教学不仅要重视"学什么",更要关注学生是否"喜欢学",以及是否知道"如何学"。这一理念更是将传统的"知识教学"模式摒弃,引导教师不仅要转变学生学的内容,更要关注学生学的方法和效果,即教、学、评这三个方面。"悦学课堂"倡导教师通过设计科学合理的活动,引导学生体验从"乐学"到"善学"再到"悦学"的状态,通过教学方式的变革,引领学生学习方式的变革,感悟学习的本质,体验学习的乐趣。

2. 对"基于语篇的教学"相关要求

义教新课标在关于"基于语篇的教学"方面给出了很多建议,结合"悦学课堂"的主要教学方式和学习方式,我们主要梳理了以下三点。

一是关于"语篇",新课标就提到了多达 340 处,包含语篇教学的内涵、意义以及实施策略等,如要"以不同类型的语篇为依托"开展教学,能够识别常见的语篇类型及其结构,能通过简短语篇获取、归纳中外文化信息,能对获取的语篇信息进行简单的分类和对比,加深对语篇意义的理解,引导学生基于对各语篇内容的学习和主题意义的探究,逐步建构和生成围绕单元主题的深层认知、态度和价值判断,促进其核心素养综合的达成。这些内容都为教师开展基于语篇的教学提供了思路。

二是关于"语言活动",义教新课标明确指出,教师要根据学生的认知特点,设计多感官参与的语言实践活动,让学生在丰富有趣的情境中,围绕主题意义,通过感知、模仿、观察、思考、交流和展示等活动,感受学习英语的乐趣。

三是关于"教学评价",义教新课标指出教师要把学生的努力程度、学习态度和素养表现作为评价的主要指标,善于发现学生的学习优势,及时肯定其取得的进步,悉心指导学生克服困难、解决问题、增强其学习自信心。

以上"教学方式"的变革是保障学生"学习方式"优化的前提和基础,关于学生"学习方式"方面,义教新课标指出要引导学生采用多种学习方式,发挥自己的优势和特长,发现自己的兴趣和潜能,从而增强学习效能感。

以上关于"悦学"和"基于语篇的教学"的相关要求,为"悦学课堂"理念的提出以及多种教学模型的构建提供了切实可行且富有创意的思路和建议。

(三)现存问题

新一轮的教育改革正在进行,素养导向的育人目标正在推动课堂教学的深度变革。然而,在这样的背景下,小学英语课堂教学仍然存在一些与"素养目标"背道而驰的现象,阻碍了"学科育人"的有效落实,主要体现在以下几个方面。

1. 教师教学理念与方法仍有待更新

有些教师仍然沿用传统的应试教育模式,过于注重知识的灌输和技能的训练,忽视了学生的个性发展和情感态度的培养。这种教学理念和方法与现代教育理念的要求存在较大差距。如学习过故事之后,教师设计了复述故事的活动,但并没有利用故事结构图帮助学生复述和理解故事,而是设计了以填写词汇和语法为主的填写句子的题目,把丰富的语篇内容变成了纯粹的语法和词汇练习;还有的教师在一节课的结束之际,通过总结本课所学内容来复习知识,这本无可厚非,但教师的总结内容以词汇和语法为主,而忽略了语篇意义、学生问题等方面的内容。(图1-2、图1-3)

Fill the blanks and retell the story

Zoom and Zip <u>are</u> <u>seeing</u> a film. It's so exciting. There is a big and strong <u>gorilla</u>.It <u>is</u> <u>eating</u> a banana. Zoom <u>is</u> <u>eating</u> popcorn, he is making <u>noise</u>. The tiger is angry, he says, " <u>Talk</u> <u>quietly</u>." We should keep <u>quiet</u> and keep <u>clean</u>.

What have we learned today?
(今天我们学到了什么?)

1.学习了下列词汇: dance, sing, song, kung fu, draw, cartoon.
2.学习了下列重点短语: play the pipa, sing English songs, do kung fu, draw cartoons.
3.学习了询问别人的能力的句型:
—What can you do?
—I can ...

图1-2 教师在课堂中"复述故事"   图1-3 教师在课堂中"总结本课内容"

2. 教师"育人"的方式和策略还有待提升

部分教师可能对学科育人的概念和重要性认识不足,无法将育人理念有效融入日常教学中,这导致教学内容和方法缺乏针对性,难以满足学生的发展需求,更无法落实素养目标,引导学生树立正确的价值观,"单元育人蓝图与教学实施两张皮"的现象常有存在。如有的教师在设计单元主题内容框架图的过程中,将语篇子主题提炼为"学习 Sarah 家的小猫的成长日记,引导学生感受生命的快乐和生命成长的意义",然而在实际教学中,却引导学生"做一个会观察的人",这样的反差无疑会给学生造成困惑,影响其真正感悟语篇意义。还有的教师将"学科育人'标签化'",学科内容与学科育人两张皮,如在课堂教学结束之际,总是不忘记来一句自问自答的问题,如:"What can you learn from the story/passage?"这样的问题对于英语知识还有限的小学生来说,无疑是回答不了的,因此教师常常代替学生思考和回答。这种现象在课堂中较为常见。(图1-4)

What can you learn from the class?

A balanced diet is good for health.均衡饮食, 有益健康。
Don't be picky eaters, please.请不要挑食。

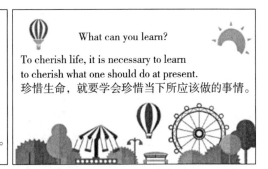

What can you learn?

To cherish life, it is necessary to learn to cherish what one should do at present.
珍惜生命, 就要学会珍惜当下所应该做的事情。

图1-4 学科育人"标签化"现象

3.教师语篇意识不强,教学"碎片化"现象突出

部分教师在教学过程中,过于注重单词和句型的孤立教学,却忽略了语境在语言学习中的作用,忽视了语言的整体性和连贯性。这种教学方式导致学生虽然能够掌握一些零散的语言点,但在实际语境中运用时却显得生硬和不自然,因为他们没有学会如何在不同的语境中恰当地使用语言;还有部分教师缺乏整体教学意识,在讲解语篇的过程中,常常把意义完整的语篇"大拆八块",缺乏对主要问题的思考,常常使用碎片化的问题引导学生阅读、提取信息,忽略了对语篇整体意义的理解,缺乏对语篇整体的理解和知识体系的建构过程,难以形成自己对主题的认识和理解。这样碎片化的教学容易使课堂变得枯燥乏味,学生可能会因为缺乏挑战性和趣味性而失去学习的兴趣和动机。长此以往,不仅会影响学生的学习效果,还可能导致他们对英语学科产生抵触情绪。(图1-5)

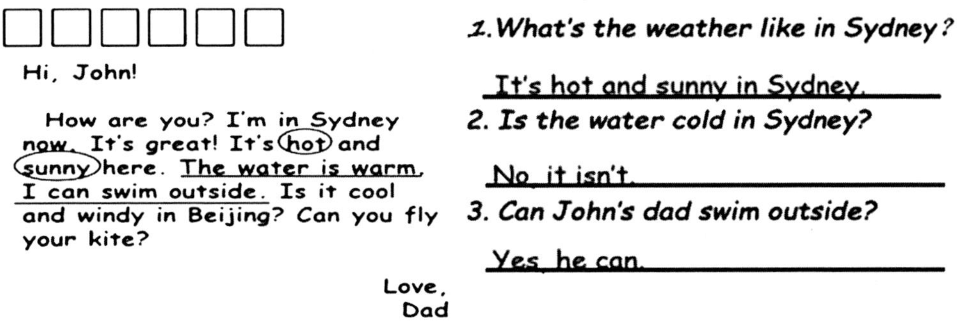

Hi, John!

How are you? I'm in Sydney now. It's great! It's hot and sunny here. The water is warm. I can swim outside. Is it cool and windy in Beijing? Can you fly your kite?

Love,
Dad

1.What's the weather like in Sydney?

It's hot and sunny in Sydney.

2. Is the water cold in Sydney?

No, it isn't.

3. Can John's dad swim outside?

Yes, he can.

图1-5 教学"碎片化"现象

4.课堂评价理解浅层,评价形式单一

在现实的英语课堂实施过程中,很多教师往往缺乏对课堂评价的深入理解,从而不能有效地实施评价。具体表现在以下两个方面。

一是课堂评价形式化。课堂评价应该贯穿于教学的始终,为检测教学目标服务。及时的课堂评价可以帮助学生发现其学习中的问题,促进其更有效的发展。虽然很多教师意识到了评价的重要性,但在教学中,很多评价流于形式,没有充分发挥课堂评价的作用,究其原因是教师没有明白课堂评价的目的,将课堂评价理解为"每个活动和每个教学步骤都必须有评价(自评、互评、小组评、教师评等方式)","为评价而评价"这种误区造成了课堂被无意义的评价量表和简单机械的评价语填满。

二是课堂评价方式单一。义教新课标强调教师要多角度收集学生信息并进行多元化评价。教师需要结合学生的心理特征,设计多主体参与的多样化评价活动,以此激发学生的学习兴趣,实施客观全面的评价。然而,部分教师仍采用单一的评价方式,教师对学生单方面的评价仍占比过重,致使学生对自我和学生之间的评价意识没有建立起来。同时,在评价内容方面,很多教师往往注重对于学生知识和技能方面的评价,对于课堂中学生的态度、兴趣和迁移创新能力等非智力因素方面的发展却没有设立一个特定的评价标准。

5. 学生学习兴趣仍有待激发,学习自信心仍需提升

根据前期学生调查问卷显示,只有 64.5% 学生对英语学习"兴趣高",仍有 14.2% 学生对英语学习表现出"兴趣低""兴趣较低";只有 55.7% 学生学习英语"自信心高",27.8% 学生"自信心较高",4.4% 的学生自信心低。这一现象充分说明学生英语学习兴趣和自信心不足,学习动机还有待提升。(图 1-6、图 1-7)

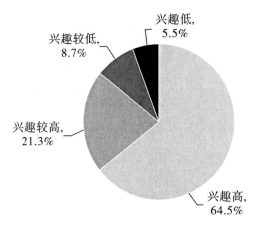

图 1-6   小学生英语学习兴趣分布情况

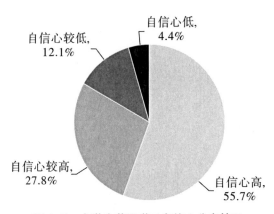

图 1-7   小学生英语学习自信心分布情况

基于以上问题,"悦学课堂"这一教学理念应运而生,《"悦学课堂"下基于语篇的小学英语教学实践》更是适时之著,裨益匪浅,为以上问题的解决提供了理论基础和具体可操作的实践路径。

二、"悦学课堂"下基于语篇的小学英语教学理论基础

"悦学课堂"是建立在国内外众多学者研究基础上的,经过文献对比、研究与分析,我

们主要从两个维度分析其理论基础:横向维度指向"心理学相关理论基础",主要包括自我决定理论、心流理论和学习动机理论;纵向维度指向"教育学相关理论基础",主要包括建构主义学习理论、认知主义学习理论和人本主义学习理论。(图1-8)

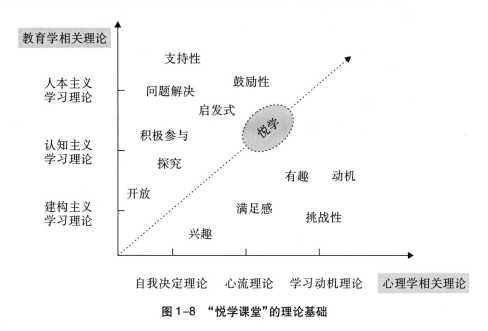

图1-8 "悦学课堂"的理论基础

具体理论基础如下:

(一)自我决定理论

自我决定理论(self-determination theory,SDT)由爱德华·德西(Edward Deci)和理查德·瑞安(Richard Ryan)提出,它是一种关于人类动机和人格发展的理论。SDT区分了内在动力和外在动力,其中内在动力是指个体因内在兴趣和满足感而从事活动的动力,而外在动力则是由于外部奖励或惩罚而驱动的动力。

在教育领域,SDT强调了创造一个支持学生内在动机的学习环境的重要性,这种环境可以促进学生的自主性、能力感和归属感,进而促进学生的学习和个人成长。

(二)心流理论

心流理论由米哈里·契克森米哈赖(Mihály Csíkszentmihályi)提出,它描述了一种完全投入某项活动中的状态。在这种状态下,个体会感受到时间流逝迅速,自我意识消失,只专注于活动本身。心流状态与快乐学习密切相关,因为当学生在学习中经历心流时,他们会感到极大的快乐和满足感。

根据这一理论,教育者可以通过设计富有挑战性和趣味性的学习任务来帮助学生进入心流状态,从而提高其学习的积极性和效率。

(三)学习动机理论

学习动机理论探讨了影响学习行为的内在和外在因素。学习动机是推动学生学习的内部力量,它可以来源于学生对知识的好奇心、对成就的追求、对自我效能的信念等。

快乐学习与强烈的学习动机紧密相关,因为当学生对学习内容感兴趣时,他们更有动力去探索和学习。教育者可以通过激发学生的学习兴趣和动机来促进快乐学习。

(四)建构主义学习理论

建构主义学习理论强调知识是由学习者在与环境的相互作用中建构的,而非简单地从外部接收。这一理论认为,学习是一个主动的、建构性的过程,学习者通过与他人和物理环境的互动,利用现有知识来解释新信息,并构建新的知识结构。建构主义学习理论的核心观点包括知识的主观性、动态性和情境性,以及学习的主动性、社会性和建构性。

建构主义学习理论鼓励教师创造开放、探究式的学习环境,以促进学生的主动学习和深度理解;该理论强调以学生为中心的教学方法,鼓励学生积极参与学习过程,通过实际操作和反思来构建知识,而不是简单地接受教师传授的知识。

(五)认知主义学习理论

认知主义学习理论关注于心智过程在学习中的作用,认为学习是通过心智活动,如信息处理、记忆、注意力、语言和思维等来进行的。这一理论强调学习者的主动性和认知结构的重要性,认为学习不仅仅是对外部刺激的反应,而是涉及内部心智过程的复杂交互。认知主义学习理论的主要贡献者包括杰罗姆·布鲁纳(Jerome Bruner)和大卫·奥苏贝尔(David Ausubel)。布鲁纳提出了发现学习(discovery learning)的概念,强调学习者通过探索和发现来构建知识。奥苏贝尔则提出了意义学习(meaningful learning)的理论,强调新知识与学习者已有认知结构的关联性,他认为有意义的接受学习(reception learning)比机械学习更为有效。

认知主义学习理论倡导教师采用启发式教学法,帮助学生构建知识框架,并通过问题解决和批判性思维来深化学习。

(六)人本主义学习理论

人本主义学习理论强调学习者的情感和个性在学习过程中的重要性。它认为学习是一个全面发展的过程,不仅包括知识和技能的获取,还包括情感、态度和价值观的形成。人本主义学习理论的代表人物是卡尔·罗杰斯(Carl Rogers)和亚伯拉罕·马斯洛(Abraham Maslow)。罗杰斯提出了以学生为中心的教学方法,强调教师应作为促进者,创造一个无条件积极关注的氛围,以支持学生的自我实现。马斯洛的需求层次理论则强调了自我实现作为最高层次的需求,认为只有在基本需求得到满足后,个体才会追求更高层次的成长和发展。

人本主义学习理论主张教师应该关注学生的个人需求和情感状态,创造一个支持性和鼓励性的学习环境,以促进学生的整体发展。

综合分析以上观点,我们能够发现这些理论所倡导的关键词包括:内在兴趣,满足感,富有挑战性和有趣的学习任务,开放、探究式的学习环境,积极参与学习过程,启发式教学,问题解决和批判性思维,支持性和鼓励性的学习环境。正是这些理论观点为"悦学课堂"理念的提出奠定了坚实的理论基础,为"悦学课堂"中教师教学方式和学生学习方式的创新变革提供了思路,也为课堂育人提供了具体可操作的实践路径。

三、"悦学课堂"下基于语篇的小学英语教学基本概念

(一)"悦学课堂"教学理念

随着课堂实践的逐步深入,我们提出了"悦学课堂"。"悦学"是我们对课堂教学的初心与愿景,也是深化学科育人的具体体现。我们所说的"悦学",并不仅仅指学生基于兴趣的学习。它指的是一种学习发展的状态,即通过教学方式和学习方式的变革,帮助学生真正参与、体验学习过程。

"悦学课堂"指的是学生在愉悦的氛围中高效学习,获得成就感和体验感,真正"享受学习"。基于此,我们将"悦学课堂"理论要点梳理如下:

1. "悦学课堂"悦什么

"悦学课堂"构建"思享探达"——"四悦"课堂体系,即悦思、悦享、悦探、悦达。

"思享探达"是英语学科在课堂育人的具体表现,其中"悦思"指的是引导学生"思考""思辨",主要指向学生思维品质的发展;"悦享"指的师生共同"鉴赏""欣赏",主要指向学生文化意识和价值观的培养;"悦探"指的是"探讨""探究",主要指向学生学习能力的培育;而"悦达"指的是"表达""达意",主要指向学生语言能力的发展。(图1-9)

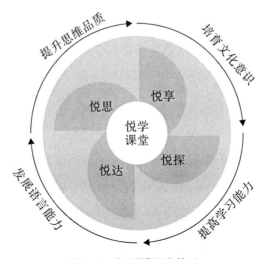

图1-9 "四悦"课堂体系

2．"悦学课堂"为何悦

"悦学课堂"的"四悦"——"思享探达"相互依存、融合互动、协同发展，共同指向学生核心素养的发展。

"悦思"是课堂中培养学生思维品质的重要途径；

"悦享"帮助学生更深层次地理解和认识文化意识，是价值体现；

"悦探"是发展学生学习能力的重要过程和主要方式；

"悦达"则是其他三个方面的基础。

这四个方面共同构成了英语学科核心素养的完整体系，旨在通过学生综合语言运用能力和跨文化交际能力的发展，逐步形成适应个人终身发展和社会发展需要的正确价值观、必备品格和关键能力。

3．"悦学课堂"如何悦

为了实现学生勤于"悦思"、乐于"悦享"、善于"悦探"、勇于"悦达"的课堂效果，教师的教学方式与学生的学习方式要共同为其保驾护航。因此，在"悦学课堂"的实施中，教与学的方式是实施的重要保障。（图1-10）

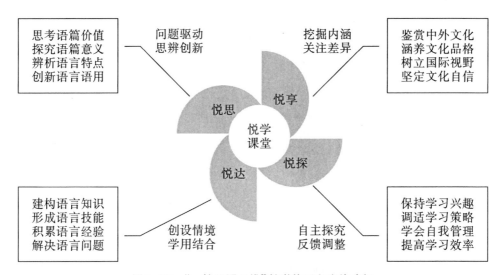

图1-10 "一核四翼八维"教学体系和实施路径

（1）"悦思"

为了鼓励学生勤于"悦思"，教师要设计富有挑战性和开放性的问题，激发学生的好奇心和求知欲，促使他们主动思考和探索，从而提高他们的思维灵活性和创造性；要鼓励学生对所学知识进行深入分析和批判性思考，培养他们的独立判断和决策能力。

实施要点：思考语篇价值 探究语篇意义 辨析语言特点 创新语言语用

(2)"悦享"

为了引导学生乐于"悦享",教师要充分挖掘语篇的文化和育人价值,通过深度学习和活动,关注文化差异,初步了解与中外文化相关的具体现象和事物,引起学生对文化探索的兴趣和愿望,增进文化理解,加深对本土文化的认同。

实施要点:鉴赏中外文化 涵养文化品格 树立国际视野 坚定文化自信

(3)"悦探"

为了激发学生善于"悦探",教师要设计与学生实际生活紧密相关的任务,引导学生解决问题,培养学生的自主探究能力、合作学习能力;同时,教师要为学生提供个性化的指导、反馈和鼓励,帮助学生调整学习策略。

实施要点:保持学习兴趣 调适学习策略 学会自我管理 提高学习效率

(4)"悦达"

为了激励学生勇于"悦达",教师要围绕主题,依托语篇,设计体验、模仿、理解、应用等体现逻辑关联的语言实践活动,帮助学生建构基于主题的结构化知识;创设拟真的情景,设计不同难度的任务,激发学生的表达欲望,为学生创设体验成功的机会,引导学生做到"想表达""能表达"和"会表达",体验英语学习的乐趣与意义,获得成就感和自信心。

实施要点:建构语言知识 形成语言技能 积累语言经验 解决语言问题

4."悦学课堂"哪里悦

"悦学"理念如何在课堂中得以体现?如何更好地实施落地?这是教师们最关心的问题。因此,基于"思享探达"的教学范式,我们通过归因分析,提炼了六种关键的课型教学模型,通过建构多样化的学习策略,形成涵盖兴趣驱动、学习策略培养、个性化路径设计、沉浸式过程评价、积极反馈和持续激励的"悦学课堂"教学模型,包含词汇教学、对话教学、语音教学、阅读教学、读写教学以及复习教学。

有效的教学模型不仅能够帮助教师更好地组织教学活动,确保教学目标的实现,而且可以帮助教师更加系统和有针对性地教授知识,同时激发学生的学习兴趣和参与度,从而提高教学效率和质量。通过明确的教学结构和活动设计,学生能够在课堂上获得丰富的学习体验,从而促进学生的全面发展。(图1-11)

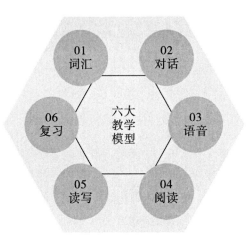

图 1-11 教学模型

（1）"ALPE"词汇教学模型（图 1-12）

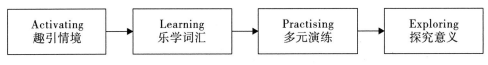

图 1-12 词汇教学模型

Activating——营造与单元相关的情境,激活主题词汇;Learning——充分调动学生多重感官参与,全面感知音形义用;Practising——创设多元情境,全面训练听说读写;Exploring——链接生活实际,引领学生深入探究主题意义。

（2）"PIPC"对话教学模型（图 1-13）

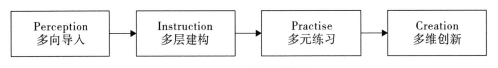

图 1-13 对话教学模型

Perception——多途径导入,感知对话主题,激活已知语言;Instruction ——多层次建构,获取对话信息,搭建语言支架;Practise——多方式练习,巩固对话结构,内化语言知识;Creation——多方位输出,链接真实生活,解决生活问题。

（3）"MAGIC"语音教学模型（图 1-14）

图 1-14 语音教学模型

Motivation——语篇激活,在真实的语境中感知和理解语篇的主题;Attention ——强调以学生为中心,引导学生的主动参与;Gain——从词形特征到发音规则进行自主探索,获得语音知识;Innovation ——在实践运用中内化发音规则,准确表达;Comment ——以阅读为载体评价学生语音掌握的程度,展示语音学习成果。

（4）"I-READ"阅读教学模型（图1-15）

图1-15　阅读教学模型

Introducing——激趣引入,感知预测;Reading——图文结合,悦读情节;Exploring——深度阅读,挖掘内涵;Appreciating——朗读模仿,复述续编;Distilling——悟出寓意,升华主题。

（5）"ATTRACT"读写教学模型（图1-16）

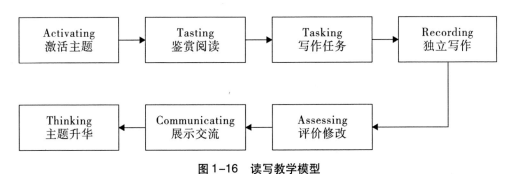

图1-16　读写教学模型

Activating——多方式导入话题,激活相关背景知识;Tasting——提取、梳理、归纳语篇中的关键信息,初步感知语篇主题意义;Tasking——明确写作任务;Recording——借助支架,完成初稿;Assessing——交换作品,完成互评,再次修改;Communicating——表达思想、交流沟通;Thinking——升华主题意义。

（6）"AEAE"复习教学模型（图1-17）

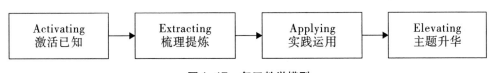

图1-17　复习教学模型

Activating——情境导入,激活已知;Extracting ——回顾复习,梳理提炼;Applying——链接生活,实践运用;Elevating——表达情感,主题升华。

5. "悦学课堂"悦如何?

作为语言教学活动中不可缺少的核心要素,小学英语教学评价在指导、激励以及规范小学英语教与学方面发挥着十分重要的作用。评价是一个价值判断的过程,是引领"悦学课堂""思享探达"教学范式前行的灯塔,是把握基于语篇教学设计的风向标,是检验"悦学课堂""思享探达"教学实施效果的"试金石"。课程的实施与评价体现了对"悦学课堂"理念的贯彻与执行,是一个行动的过程,是将课程的意识形态转化为老师的教和学生的学,从而实现课程内在的意义。

基于此,依据"悦学课堂"的内涵,我们制定了"悦学课堂""思享探达"教学范式的课堂评价量表。(表1-1)

表1-1 "悦学课堂""思享探达"教学范式评价观察量表

	内容	观察与评价要点
『思享探达』教学范式	悦思	教师是否设计了关联性、层次性强的问题链,帮助学生搭建支架、提炼逻辑表达方式
		教师是否设计了批判性阅读、开放式讨论等活动,引导学生主动思考,创新语言运用
		学生是否能独立思考,辩证、创新地看待、思考和解决问题
	悦享	教师是否深入挖掘语篇育人价值,激发学生对中西方文化探索的兴趣和愿望
		教师是否设计了综合性、实践性强的活动,引导学生客观对待和鉴赏中外文化
		学生是否有关注文化差异的意愿和理解、鉴赏中外文化的能力
	悦探	教师是否设计了游戏、歌谣等活动,营造宽松的课堂氛围,吸引并保持学生的英语学习兴趣
		教师是否设计了合作探究类活动,鼓励学生互助合作,敢于开口、大胆表达自己的观点或转述他人的观点
		学生是否对英语学习有兴趣,主动参与课堂活动,与同伴合作完成学习任务
	悦达	教师是否基于单元主题、学生语言知识和生活经验创设相对真实的语言学习情境
		教师是否基于所创设的情境,设计多种活动帮助学生学习、理解语篇内容,并运用所学语言解决生活中的实际问题
		学生是否在教师创设的学习情境中,围绕主题,运用正确的语言进行表达和交流

(二)基于语篇的教学

1. 语篇

语篇(discourse)是语言学领域中的一个术语,指的是实际使用的语言单位,是交流过程中的一系列连续的语段或句子所构成的语言整体。从功能上来说,它相当于一种交际行为。总的来说,语篇由一个以上的语段或句子组成,其中各成分之间,在形式上是衔接的,在语义上是连贯的。理查德斯(Richards)等将语篇定义为"examples of language use, i. e. language which has been produced as the result of an act of communication",强调了语篇是交流过程中产生的语言实例。戴维·克里斯特尔(David Crystal)描述语篇为"一段大于句子的连续语言(特别是口语),是一些话段的集合,构成各种可识别的言语事件,是人们语言互动过程中支配其行为表现的一个表达和理解的动态过程"。刘辰诞(1999)对"篇章"的解释为:篇章这一术语用来指一段有意义、传达一个完整信息、逻辑连贯、语言衔接、具有一定交际目的的和功能的语言单位或交际事件。它依赖于语境,可以被读者接受,是文字的而不是口头的,但包括口语材料,如小说、戏剧中的人物对话。篇章由一个以上的小句构成……篇章的制作和解读都不能脱离语境。

　　这些学者的研究从不同角度阐释了语篇的概念,强调了语篇在交际中的作用和特点。义教新课标对语篇的概念表述如下:

　　语篇承载表达主题的语言知识和文化知识,为学生提供多样化的文体素材。语篇是表达意义的语言单位,是人们运用语言的常见形式。在使用语言的过程中,人们需要运用语篇知识将语言组织为意义连贯的篇章。

　　从以上定义当中,我们可以发现,"语篇"具有以下的特点:

- 完整信息
- 逻辑连贯
- 语言衔接
- 交际目的
- 依赖语境

2. 语篇类型

　　语篇类型,也称为文体或体裁,是指具有鲜明特征的几种口语材料或者书面文字材料,他们按照各自特色被分门别类地区分出来(朱晓燕,2022)。义教新课标对语篇类型的概念表述如下:

　　语篇分不同的类型。语篇类型既包含连续性文本,如对话、访谈、记叙文、说明文、应用文、议论文、歌曲、歌谣、韵文等,也包含非连续性文本,如图表、图示、网页、广告等。语篇类型可分为口语与书面语等形式,还可分为文字、音频、视频、数码等模态。语篇类型体现基础性、通用性和适宜性。

　　从以上内容可知,义教新课标所提供的"语篇类型"的概念主要包含以下层面:一是语篇类型包含连续性文本和非连续性文本两大类。小学阶段常见到的描述个人经历的日记、故事等属于记叙文;介绍产品的文章属于说明文;表达个人观点的文章属于议论文;书信、邮件、海报等属于应用文。二是从文体形式上看,主要包含口语与书面语。口语语篇主要指"对话、访谈"等,书面语篇主要指"记叙文、说明文、应用文、议论文"等。

但是在实际教学中,我们常常会对一个语篇产生疑惑,比如:一篇描述个人经历的日记,是属于记叙文还是应用文呢? 朱晓燕(2023)指出:有些语篇从不同角度看,语篇类型会出现交叉。有些语篇外在的语言形式上是相同的,但内在的篇章结构上却是不同的。因此,从语言形式上看,"日记"属于应用文体裁,而从篇章结构上看,它属于记叙文。

3. 基于语篇的教学

无论是高中新课标还是义教新课标都明确提出了"基于语篇的教学"这一教学理念。义教新课标指出:教师要围绕语篇主题意义设计逻辑关联的语言实践活动;引领学生多角度分析、审视、赏析和评价语篇,比较文化异同,产生思维碰撞;以单元教学目标为统领,组织各语篇教学内容;要深入开展语篇研读,教师要以语篇研读为逻辑起点开展有效教学设计等。

从新课标的阐述之多,就能看出来"基于语篇的教学"的重要性,也可以看出语篇教学不仅仅是关于语言本身的教学,还涉及教学方法和策略的创新。

"基于语篇的教学"是一种注重语篇整体性和连贯性的教学方法,它强调在教学过程中,不仅要关注单个句子的语法和词汇,还要关注句子之间的逻辑关系和语篇的整体结构。这种教学方法具有诸多优势,国内外学者也在众多研究中进行了论证,主要体现在以下几点:

(1)增强语言理解和运用能力

语篇教学强调对上下文和语境的理解,有助于学生更好地理解和运用语言。著作 *Cohesion in English*(Halliday & Hasan,1976)中强调了语篇连贯性的重要性,认为通过语篇教学可以帮助学生理解语言是如何在更大的语境中工作的;著作 *Discourse Analysis for Language Teachers*(McCarthy,1991)中提出,语篇分析有助于教师设计更加贴近真实语言使用的教学活动,从而提高学生的语言运用能力。

(2)培养批判性思维

通过分析语篇中的观点和论据,学生可以学习如何批判性地思考问题。诺曼·费尔克拉夫(Norman)(Fairclough,1992)在其批评话语分析的框架中指出,通过对语篇的深入分析,学生可以学习到如何识别和批判性地评价语言中的权力和意识形态;图恩·范·迪克(Teun Van Dijk,1993)的研究也强调了语篇分析在发展批判性思维方面的作用,特别是在理解社会和文化现象时。

(3)提高阅读和写作技能

语篇教学通常涉及大量的阅读和写作练习,有助于提高学生的读写能力。著作 *Teaching and Researching Reading*(Grabe & Stoller,1997)中讨论了语篇教学在提高阅读理解能力方面的作用,特别是在教授高级阅读技能时;Hyland(2003)在 *Second Language Writing* 中探讨了语篇教学如何帮助学生发展写作技能,特别是在构建连贯和有说服力的论点方面。

因此,"基于语篇的教学"作为一种创新的英语教学方法,通过强调语境化学习、整合语言技能、促进批判性思维、适应多元化学习需求、强调交际功能以及提升自主学习能力,为学生提供了一个更加全面有效的语言学习环境。

四、"悦学课堂"下基于语篇的小学英语教学原则

(一)关注学生学习获得感

学生学习获得感是指学生在学习过程中对自己所取得的进步、成就或努力的主观感受。这种感受对于激发学生的内在动机、维持学习兴趣、增强自信心和促进学习习惯的养成至关重要。积极的学习获得感可以帮助学生建立起积极的学习态度,形成终身学习的基础。"悦学课堂"下基于语篇的小学英语教学积极关注学生学习获得感。主要体现在以下方面:

1. 设定明确的学习目标和评估标准

确保学生明白学习的预期成果,并根据他们的实际情况制定合理的评估标准,以便他们能够清晰地看到自己的学习进展。

2. 及时给予正向反馈和鼓励

通过表扬、奖励和具体的正面反馈,强化学生的学习行为,让他们意识到自己的努力和进步得到了认可,逐步帮助学生树立学习自信心。

3. 建立积极的学习环境

营造一个安全、支持和鼓励探索的课堂氛围,让学生感到舒适,愿意尝试新事物,不怕犯错误。

(二)注重学习策略指导

在小学课堂教学中,注重学习策略指导对于学生的长远发展至关重要。学习策略是学生在学习过程中有意识地采用的方法和技巧,它们有助于提高学习效率、促进知识的深层次处理和长期记忆、培养自主学习能力,并增强问题解决能力。通过有效的学习策略指导,学生能够更好地管理自己的学习过程,形成积极的学习态度,从而在学术上取得更好的成效。"悦学课堂"的"四悦"之一"悦探",即提倡通过自主探究、反馈调整来提高学生学习能力。具体体现在以下方面。

1. 教授具体的学习策略

在教学中,教师通过示范和指导,教授学生诸如词块学习、信息提取以及思维导图等具体的学习策略,并在课堂上提供练习机会。

2. 元认知策略的培养

引导学生进行自我监控和自我调节,帮助他们制定学习计划、监控学习进度、反思学

习方法和调整学习策略,以培养其自主学习能力。

3.沉浸式学习策略

在语言教学中,教师通过模拟真实或仿真的语言环境,使学生身临其境地学习语言,提高其语言理解和运用能力。

(三)强调整进整出

整进整出的教学模式强调语言学习的整体性和沉浸性,通过多元文本体验学习拓宽语言知识的积累和习得空间,促进学生各学段知识之间的衔接。这种教学模式能够培养学生的语言能力,发展学生的思维品质,并帮助学生建立起良好的英语学习环境。"悦学课堂"侧重整进整出,按照宏观—微观—宏观的顺序进行教学,如整体性地了解课文背景—理解课文内容—学习篇章语言。而传统的教学则倾向于按照从微观到宏观,从局部到整体的顺序展开教学,即单词—句子—段落—全文。

(四)强调真实语境教学

通过将教学内容与学生的真实生活经验相联系,教师能够构建更加贴近现实且有意义的学习情境,这样的学习方式更加生动、有趣,有助于提高学生的语言实际运用能力和交际能力。真实语境教学还有助于学生建立起对英语的实际感知,从而提高其学习的动机和兴趣。

例如,利用学生熟悉的节日或事件作为教学内容,可以显著提高学生的学习兴趣和动机;在导入和呈现环节,通过故事、游戏或日常生活片段等方式引入新的语言点,使学生在具体的语境中接触和理解新词汇或句型;在操练环节,设计角色扮演、小组讨论或情景对话等活动,让学生在模拟的真实语境中练习使用英语,这样的操练活动有助于学生将语言知识转化为交际技能;在拓展阶段,通过项目作业、英语角或校外实地考察等形式,扩展学生的语言实践机会,让学生在更广阔的真实语境中使用英语。

(五)突出语言意义沟通

语言不仅仅是一系列规则和结构,而是用于表达思想、情感和意图的工具。传统的课堂教学中,教师更加关注表达的准确性以及语法、词汇等语言知识的使用情况,而"悦学课堂"下基于语篇的小学英语教学则以语篇为本,重视意义交流。通过意义沟通,学生可以更好地参与到语言实践中,提高语言的实际运用能力,并且培养跨文化交际的意识和能力。这是以学习为中心的教学模式,强调情境中的信息交流活动,如讨论、角色扮演、辩论等;设计真实情境、开放且富有挑战性的任务;使用多样化的教学材料,利用故事书、歌曲、游戏等多种教学资源,激发学生的学习兴趣,并在这些活动中自然地学习和使用英语。

五、郑州市"悦学课堂"下基于语篇的小学英语教学探索与实践

郑州市"悦学课堂"下基于语篇的小学英语教学探索与实践主要经历了三个阶段,在此过程中,也产生了一定的影响,取得了丰硕的成果。(图1-18)

(一)探索"悦学课堂":问题驱动,探索课型教学(2011—2015)

2011年,随着《义务教育英语课程标准》(2011年版)的颁布,郑州市小学英语以践行课标理念为抓手,通过对不同课型的探讨与实施,如对话课、词汇课、绘本故事课等,逐步培养学生的综合语言运用能力。在听课调研、访谈交流的过程中,我们梳理了制约小学英语课堂教学的相关因素,如学生学习的兴趣及内在动机、学习方法和策略等,以问题为驱动,以课型为依托,逐渐萌生了"悦学"课堂的想法。

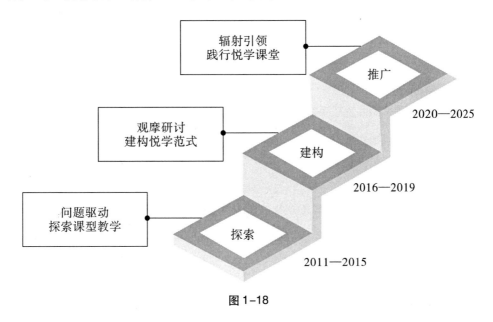

图1-18

(二)建构"悦学课堂":观摩研讨,建构"悦学"范式(2016—2019)

在这一阶段,我们聚焦影响课堂教学的关键因素,一方面从"悦学"和"基于语篇的教学"等教师教学方式和学生学习策略方面开展相关理论研究;另一方面,不断实践"悦学"理念,初步建构"悦学课堂"的理论架构和"悦学"理念下的六种关键课型的教学模型。

1. 开展"悦学课堂"理论学习与研究

什么是"悦学课堂"?如何较为科学地实践"悦学课堂"?带着这样的问题,我们开展了大量的理论学习、研究和培训工作。一是通过广泛阅读相关文献,了解"悦学课堂"

的起源、发展及国内外的实践案例,为"悦学课堂"的开展提供了理论依据和实践参考。二是基于文献研究,构建"悦学课堂"理论框架,明确其核心要素、实施策略及评价体系。三是开展实证研究,设计案例,收集"悦学课堂"在不同学校和不同年级的实施数据,分析其对学生成绩、学习兴趣、创新能力等多方面的影响。四是组织教师深入学习"悦学课堂"相关理论、探索设计符合"悦学课堂"理念的教学设计。

2. 开展基于语篇的单课教学探索与实践

基于对"悦学课堂"理论的分析,我市聚焦开展基于语篇的教学。这一阶段,根据郑州市小学英语教师的实际需求和学科目标,每年探索实践1—2种单课型教学:2016年主要探索了对话教学与读写教学,并于年末开展了单元教学的观摩研讨活动;2017年聚焦对故事教学和绘本教学的实践,并于年末开展了故事教学和绘本教学的观摩研讨活动;2018—2019年对拼读教学进行深入实践,并开展了一系列郑州市小学英语拼读教学观摩研讨活动。

基于多年的探索和实践,我市教师不断将"悦学课堂"理念融入到日常教学中,随着教师们实践和理解的深入,"悦学"范式得以建构,"悦学课堂"下单课教学的模型成果在不断优化中得以形成,"悦学课堂"下小学英语常见的六种课型的教学模型得以提炼。

(三)推广"悦学课堂":辐射引领,践行"悦学课堂"(2020—2025)

随着教师们越来越认可"悦学"理念,越来越多的教师在课堂中实践六大课型教学模型,随着《普通高中英语课程标准》(2017年版)(2020年修订)和义教新课标的颁布,"单元整体教学"深入人心,郑州市"单元整体教学"也在"悦学课堂"的指引下硕果累累。

1. 开展郑州市"悦学课堂"下单元整体教学观摩研讨系列活动

在"悦学课堂"六大教学模型的引领下,郑州市各区、县纷纷开展了"悦学课堂"下单元整体教学研讨活动,主要包括"悦学课堂"下小学英语单元整体教学观摩研讨、"悦学课堂"下小学生英语课本剧展示交流、"悦学课堂"下小学英语单元整体单课型教学观摩研讨、"悦学课堂"下小学英语优质课展示等活动。

这一系列活动立足于"悦学课堂",聚焦单元整体教学,强调从单元视角出发,整合课程内容,设计连贯的教学活动,以达到更高效、更深入的教学效果。

2. 形成郑州市"悦学课堂"研—训—评一体化教研模式

在不断开展与实践"悦学课堂"的过程中,郑州市逐步形成了"悦学课堂"研—训—评一体化教研模式,即在实践"悦学课堂"的过程中,通过实施问题研究、主题培训和评价提升协同推进的教研模式,促进"悦学课堂"的创新发展,有效提升教师的教学理念和专业素养。(图1-19)

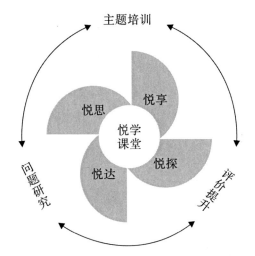

图 1-19 郑州市"悦学课堂"研-训-评一体化教研模式

3. 辐射引领,创新教学路径

2020 年至今,我们通过举办不同层级的教师培训、优课评选、教学观摩及课题研究等活动,强力推动"悦学课堂"主题教研与实践活动的普及与发展,研究制定"悦学课堂"的观察与评价要点,精心培育以"悦学课堂"为特征的优秀课例并公开展示,同时依托河南省远程教研平台及中原、省、市级名师工作室开展系列送课活动,不断完善"悦学课堂"英语课堂的理论架构与教学要求,"悦学课堂"被越来越多的英语教师所接受、认同并付诸教学实践,取得了显著成效。

2022 年,在"悦学课堂"下单元整体教学不断深入实践、"悦学课堂"理论不断走向成熟的过程中,我们决定将近年来郑州市对"悦学课堂"下单元整体教学的探索与实践形成有形成果,2022 年,申报了河南省基础教育项目"'悦学'课堂下小学英语单元整体教学实践与研究",并于 2023 年顺利结项,荣获"优秀"等次。

我们基于课题成果,不断梳理提炼,经过近两年的编撰,《"悦学课堂"下小学英语单元整体教学实践》一书于 2023 年出版。这本书从一线英语教师的教学与实际需求出发,以新课程标准为基础,依托"悦学"课堂的不断探索,以单元整体教学的设计与实施为抓手,不断提升教师课改能力,促进学生学科能力与素养的发展。这本书不仅呈现了单元整体教学的背景与意义、理论基础、设计的核心要素以及实施策略等方面的内容,还呈现了郑州市单元整体教学设计的部分优秀案例。这些案例历经两年的反复实践与调整,可供郑州市或其他地区的小学英语教师使用或参考。也希望依托"悦学"课堂的单元整体教学设计与实践探索,能够更好地帮助一线教师理解与开展单元整体教学,推动英语课程所需要培养的核心素养的不断发展。

综上所述,本书立足于我国小学英语教育现状,以"悦学"课堂相关理论和语篇理论为基石,旨在构建"悦学课堂"模式下更高效、更有趣的小学英语教学体系。我们坚信,通过将"悦学"理念融入日常教学,不仅能提升学生的语言综合运用能力,还能激发其学习兴趣,培养跨文化交际意识,提升核心素养。接下来的篇章,我们将详细阐述如何在具体教学实践中贯彻这些原则与概念,探索更多可能性,为小学英语教育的创新与发展贡献力量。

第二章 小学英语对话教学

　　义教新课标明确提出,"义务教育英语课程体现工具性和人文性的统一,具有基础性、实践性和综合性特征"。要帮助学生在真实语境中感知、体验、学习和运用英语基础知识和基本技能,打下扎实的综合语言运用基本功,发展一定的跨文化沟通和交流能力,初步掌握学习英语和运用英语的方法和策略。而义教新课标里课程内容六要素中的语言技能,即包含听、读、看的理解性技能和包含说、写的表达性技能,以及这几项技能的综合运用,特别突出对主题意义的交流与表达。在"语用知识内容要求"中特别强调根据语境与他人进行得体的交流。"教学部分"中也提出"引导学生根据正式或非正式场合,选择得体的方式进行沟通与交流"。

一、小学英语对话教学定义

　　林平珠在其 2021 年的著作《小学英语课这样上——基于 11 种常见课型的教学模式和策略》中提出,小学英语对话教学是以教材文本为依托,针对某一话题进行英语听说训练,培养学生口语交际能力的教学。

　　践行义教新课标理念,我们认为小学英语对话课是在主题情境下,以语篇为载体,以学生为中心,以交际为目的,以听说为主要形式的教学活动。通过师生、生生之间的互动交流,培养学生的听力理解能力、口语表达能力及交际能力。学生在对话课中获得口语实践经验,逐步掌握英语会话的基本技能并能够在现实生活中有效表达、交流与沟通。

二、小学英语对话教学特点

　　根据义教新课标一、二级学业质量标准在听说方面的要求,结合该学段学生身心发展水平及学情分析,小学英语对话教学具有情境性、互动性、生成性、应用性及交际性五方面的特点。

1. 情境性

　　对话课要紧密结合学生的生活实际和兴趣爱好,创设接近学生生活实际的语言使用场景,让学生在真实的语境中感受语言、理解语言、运用语言。

2. 互动性

对话课中师生、生生之间的语言使用,是一个动态的、双向或多向的交流过程。对话者通过话轮转换和互动语言来交换信息、表达想法、意图和情感。

3. 生成性

对话课要以学生为本,基于每位学生的生活经验、已有知识水平、性格特点、情绪状态的不同,在互动对话中即时生成因人而异的语言信息,这是多样化且不可预测的。

4. 应用性

对话课还体现在将课堂所学知识与实际生活相结合的能力。学生通过对话学习到的内容能够在日常生活中得到应用,解决其生活中的实际问题,并能够在人际交往中有效沟通。

5. 交际性

对话课还应关注语言运用的交际策略。学生需要学会倾听他人的观点,还可以根据对方的反应和理解程度来调整自己的语言,以便更好地传达信息或者维持对话。

三、小学英语对话教学策略

小学英语对话教学坚持以学生为主(体),创设接近实际生活的各种情境,采用循序渐进的语言实践活动以及各种强调过程与结果并重的教学途径和方法,引导学生构思对话结构,深入理解对话内容,将对话知识和策略有效地与生活实际相结合,从而促进知识向能力和素养的转化。

(一)基于单元主题,明确对话主线

义教新课标指出:"教师要强化素养立意,围绕单元主题,充分挖掘育人价值,确立单元育人目标和教学主线。"主题作为课程内容的第一要素,为教师研读语篇,挖掘语篇的主题意义和架构、建构关联与进阶的单元主题内容提供帮助。因此,单元主题和主题意义的探究直接影响教学的方向,对定位对话教学提供了必要的前提和基础。教师要以主题为中心,结合教材内容,从学生的实际出发,明确对话教学的主线,设计循序渐进的多层次的语言实践活动,让学生更深入全面地理解文本主题,多维度建构起与该主题相关的结构化知识,提升学生的英语学科核心素养。

在小学英语对话教学中,教师要从多个角度分析对话文本,解读对话文本的话题、时间、场景、人物身份及对话角色之间的关系等,关注文本中信息呈现的特点以及汇集的结构性特征。之后,教师要结合学情与话题,设计可理解的、真实的、可实践的输出活动,细化听后输出的语言能力目标,明确对话学习指向的语用能力,以明确的语言输出目标逆向设计合理的输入活动,为学生提供可理解的输入材料,丰富听说资源,以提高学生的听说能力。教师在深入挖掘、分析并解读对话语篇的基础上,明确单元主题意义,提升学生的英语学科核心素养。

【课例2-1】人教版(三年级起点)四年级(上册)
"Unit 3 My friends"中"Let's talk"教学片段

> Mike：Hi，John. I have a good friend.
>
> John：A boy or girl?
>
> Mike：A boy. He's tall and thin.
>
> John：Who is he? Zhang Peng?
>
> Mike：No. He has glasses and his shoes are blue.
>
> John：Is he Wu Binbin?
>
> Mike：Yes. You are right.

本单元的主题是"friends"，教师在研读语篇的基础上，基于学生的生活经验，让学生更好地理解"朋友"的真正含义，并明确本节课的对话主线为：描述朋友的外貌特征。

首先教师设计了通过听录音的方式，选择 Mike 的朋友。

My friend is a boy. He is tall and thin. He has glasses. His shoes are blue.

学生通过录音中的内容，从所看到的图(图 2-1)中选择出 Mike 的朋友。并且根据所听到的内容完成一个思维导图，引导学生能够从多个方面学习描述朋友的特征。

➤ Read and Fill 阅读对话并完成思维导图

Underline the information on your book.

找到Mike朋友的特征，并且在对话中用横线画出来

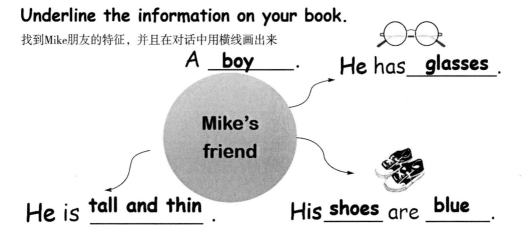

图 2-1 思维导图

在上述教学课例中，在单元主题——friends 基础上，教师从内容、意义、结构等方面

对本对话语篇进行了全面深入的分析,明确了对话的主题——全面认识自己的好友。基于对话的主题和学生的已知经验,确定了从外貌如性别、身高、年龄、服装以及性格等方面认识自己的好友这样一个教学主线,设计了观看图片、视频等教学手段,激起学生对对话主题进行深入探究的欲望。在教师的引导下,通过教师描述朋友特征,学生逐步进行判断的活动,让学生明白介绍朋友或认识朋友时可以从哪些方面入手,从认识对话主人公 Mike 的朋友,扩展到教师本人的朋友,最终延伸至学生生活中自己的朋友,学习主线清晰,学习任务明确,为学生深刻理解对话的主题起到了举足轻重的作用。

(二)围绕对话主线,整合对话语篇

教师在进行对话教学设计的过程中,要站在单元整体的高度,做到充分解读教材,多角度、多层次地分析和比较对话语篇内容和情境,寻求对话板块与其他板块之间的连接点,统筹各对话的教学内容,承上启下,融会贯通。在单元的整体情境中,将各板块的内容有机结合,形成单元整体教学,提高对话教学的效率。

【课例2-2】人教版(三年级起点)五年级
"Unit 4 What can you do?"中"Let's talk"教学片段

Miss White:We'll have an English party next Tuesday!

What can you do for the party,children?

Zhang Peng:I can sing English songs.

Miss White:Wonderful! How about you,John?

John:I can do some kung fu!

Miss White:Thank you,John.

Mr Ma:Good afternoon,children. Today we'll learn some kung fu.

Children:Cool.

Mr Ma:Can you do any kung fu,John?

John:Yes,I can.

Mr Ma:Wonderful!

Mr Ma:Can you do any kung fu,Oliver?

Oliver:No,I can't.

Mr Ma:No problem. I can help you.

在本单元中,有两个对话语篇,并且都围绕"会做什么,不会做什么"这一话题展开,通过两位老师和学生之间的对话,去谈论孩子们会做的事情。教师从单元整体入手去分析对话内容,发现两个对话虽然主题统一,但是侧重点不同,第一部分的对话侧重于教师

引导学生回忆自己会做什么,而第二部分的对话则是教师提问学生是否会做某事儿。因此为了凸显该单元这个教学难题的螺旋上升,教师在讲述第二部分对话的时候,将两个对话进行了有机结合,帮助学生更好地进行比较、整合和归纳。

T:Do you still remember what the children can do for the English party?(教师呈现第一部分对话内容)

S1:Zhang Peng can sing English songs.

S2:John can do some kung fu.

S3:Wu Binbin can draw pictures.

T:Wonderful. We can do kung fu together. Mr Ma can teach us.(教师呈现 Mr Ma 的图片)

Ss:Great!

(教师播放第二部分的对话内容)

在上述案例中,该单元属于"人与社会"的主题,主要谈论自己或别人的本领及学习这些本领的意义。教师要引导学生了解生活中富有意义的能力特长和丰富多彩的兴趣活动(认知),再引导学生进行自我认识,意识到自己的能力与特长掌握情况及这些能力特长所具有的社会实践价值(态度),最后提升到引导学生去发现调查身边的人和物所具有的能力特长和兴趣活动,并理解掌握这些技能和特长所要具备的个人品质和态度(行为)。

基于本单元的主题以及本课时作者所创设的"English Party"的情境,教师巧妙地将两部分对话语篇的内容紧密地联系在了一起,把两个课时的目标语言、教学活动、情境融为一体,实现了板块之间、课时之间的无缝衔接。这种承前启后、螺旋上升的教学方式,有效地促进了学生综合语言运用能力的提升,提高了教学效率。

(三)注重视听输入,学习对话语篇

听说是一种非常有效的学习工具,是所有其他能力发展的基础,是学习的基础。通过听说,学生可以学习概念、扩充词汇,理解对话的语言结构,培养语感等。听说之间的关系,是听在前,说在后。学生体验语言的学习过程离不开多途径的听说活动,只有大脑里储备了一定的声音,在说的时候才能够表达自如,因此在小学对话教学中,应着重训练和提升学生的听说能力。教师可以借助媒体,将视听结合,整体呈现文本,让学生感知和理解语言,突破重难点,培养学生的语言能力和思维能力。

【课例2-3】人教版(三年级起点)五年级(上册)
"Unit 4 What can you do?"中"Let's talk"教学片段

本节课的情境是:学校下周要召开英语联欢会(party),White 老师在班里跟孩子们讨论节目的安排,孩子们各抒己见展示自己的才能。在课堂上,教师在不同的学习阶段设

置了大量的视听活动,恰到好处地帮助学生感知、理解对话内容。

导入环节,教师带领孩子们通过听录音回答问题和选择图片的方式,感知了 party 的主题,并引入本节课的主题语境:English party。在处理文本信息的阶段,教师设置了听对话录音进行选择的任务,带领学生获取对话中的关键信息。

Listen and answer:

What party will they have?

What can Mike do for the party?

接下来教师设计了一个 worksheet,引导学生听完录音完成选择相对应的活动的任务。(图 2-2)

do some kung fu			√
play the pipa			
sing English songs		√	
dance			
draw pictures	√		
play football			
speak English			

图 2-2 活动任务

在获取了关键信息之后,教师播放了该对话的完整视频,加深了学生对于该语篇内容的印象。观看了完整视频后,学生又逐句跟读对话语篇,进一步内化所学的语言。

> Miss White: We'll have an English party next Tuesday! What can you do for the party, children!
> Zhang Peng: I can sing English songs.
> Miss White: Wonderful! How about you, John?
> John: I can do some kung fu!
> Miss White: Thank you, John.

在该课例中,教师首先以问题为导向,让学生通过听课文录音,找出问题答案,感知对话情境;紧接着设计了完成任务单的方式,让学生整体听对话内容,获取对话中的关键信息;接下来又通过看视频和听录音的方式,深化学生对于对话内容的认知和理解。

(四)运用教材插图,优化对话情境

义教新课标提出学生能在图片的帮助下读懂并讲述简单的故事,在词语或例句的提示下写出简单的故事。人教版的教材中的对话都配有一定的插图,这些图片与单元的主题和对话的内容关系紧密,有其独特的价值,是非常宝贵的英语课程资源。在对话教学中,我们可以通过直接使用、集零为整、一图多用等方式,合理使用教材中的图片资源,激发学生的表达意愿,培养学生的思维能力,从而提升学生英语学科的核心素养。

【课例2-4】人教版(三年级起点) 三年级(上册) "Unit 5 Let's eat!"中"Let's talk"教学片段

① Lead-in(导入)

T:Today Sarah goes on a picnic with her friends. What would she like?

Ss:Sarah would like some milk.

② Look and say(看一看,说一说):What do you see on the table?

③ Listen and talk(听一听,说一说):What would Mike like?

④ Let's read(读一读).

【设计意图:学生在看、听、说后,通过呈现 Mike 和 mum 的情境图片,使学生对文本内容有初步了解,能达到自己朗读教材对话的学习目标,为接下来的练习打好基础。】

⑤ Practice(练习):

Ss:Watch the mini-lecture about the diet culture.

【设计意图:学生在本节课话题的基础上,观看关于中西方饮食文化的微课,在学习语言的同时,学习相关的文化知识,培养文化意识,提升核心素养。】

在本课例中,教师对教材内容进行分析后,发现本部分的核心句型是"I'd like…Here you are!"教材插图通过 Mike 和 mum 在家吃饭的情景,鼓励学生表达自己喜欢的食物以及将食物拿给别人吃的时候该怎样说,使学生巩固本部分所学的有关食物的单词以及 I'd like…的用法,培养学生的英语表达和交际能力。

本单元的话题是"Let's eat!",与食物相关,与学生的生活联系紧密,因此教师将本单元的导览图部分、对话教学和词汇教学部分进行有选择性地整合,延伸情境创设,有助于学生在开展情境对话时不拘泥于单一的画面呈现,同时,进一步加深重点句型的表达方式在不同场合的灵活运用。

(五)应用思维导图,搭建对话结构

思维导图是英国心理学家托尼·博赞(Tony Buzan)所提出的一种整理思路的方法,托尼·博赞提出:"思维导图的核心思想就是既运用左脑的词语、数字、逻辑等功能,同时也运用右脑的色彩、图像、符号、空间意识等功能,将思维痕迹用图画和线条形成发散性的结构,从而把形象思维与抽象思维很好地结合起来。"所以在小学英语对话教学中,我们利用开展对话时所使用的词汇和逻辑功能,不仅使词汇激活量增多,而且使对话情节更加丰富,有助于提高对话教学的学习效率。

【课例2-5】人教版(三年级起点) 四年级(下册) "Unit 3 Weather"中"Let's talk"教学片段

教师在热身阶段先播放"Seasons song"带学生进入英语学习的氛围,并且感知本节课的主题 weather,接下来使用思维导图复习四年级上册关于天气的词汇。

T:What's the weather like today? (出示图片,复习词汇)

Ss:It is…

教师根据学生的回答随机呈现如下内容。(图2-3)

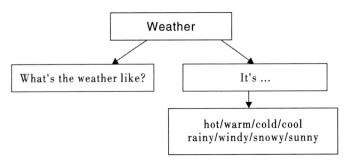

图2-3 师生问答

应用思维导图学习英语词汇,可以突出词汇的逻辑性,能促使学生按照一定的逻辑顺序整合新旧单词,建构词汇记忆网络,并促进学生发散性思维的提高。

在 Let's talk 环节的教授中,教师让学生观察插图,预测大意。教师呈现思维导图,让学生带着问题预测文本对话内容,帮助学生快速了解对话大意,并为接下来学生根据对话内容开展练习做好铺垫。(图2-4)

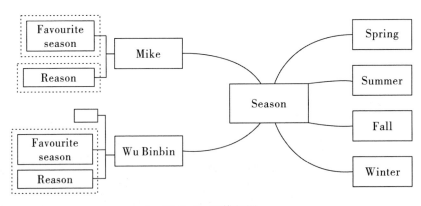

图2-4 思维导图

在本案例中,教师使用了两个简单但逻辑清晰的思维导图。第一个思维导图帮助学生进行了语言的铺垫;第二个思维导图则帮助学生理清了对话中的关键信息,并搭建了一个清晰的对话结构,学生接下来将围绕对话,即双方喜欢的季节以及原因展开讨论和交流。教师将思维导图和对话教学严密地结合起来,突破了传统意义的小学英语对话教学以关键词和句为唯一核心的形式,引导学生自主发现词汇自身的特点与联系,构建对话学习构架,从而有效提高了对话学习的效率。

(六)巧用信息技术,丰富对话模态

义教新课标明确指出,要积极关注现代信息技术在英语教学领域的发展和进步,努力营造信息化教学环境,基于互联网平台开发和利用丰富的、个性化的优质课程资源,为学生搭建自主学习平台,将"互联网+"融入教学理念、教学方法、教学模式中,深化信息技术与英语课程的融合,提高英语学习效率。因此教师在开展对话教学的过程中,可以利用形象、生动的信息化教学手段辅助教学,创设运用语言进行交际的情境,使对话的形式变得丰富、真实,让学生能够身临其境,提高其学习兴趣,维持其注意力,加深其课堂内容学习的印象。

【课例2-6】人教版(三年级起点) 四年级(下册) "Unit 6 Shopping"中"Let's talk"教学片段

本单元的主题是购物,为了让孩子们在学习的过程中能够有更加真实的体验,教师就下载了一个在商场购物的多媒体视频。在学习本节课的对话时,教师始终带领学生沉浸在视频所创设的情境之中。经过了对话学习之后,教师带领学生从买鞋的情境跳脱出来,进入到商场的其他地方,突破了对话中仅仅购买鞋子的语境,任意选择自己想要购买的物品,如T恤、裤子、裙子、外套等,进行创造性的对话。

学生在多媒体创设的购物情境下呈现的再构文本。

A:Those T-shirts are nice. 1 like them.

B:Yes. Let's go and have a look.

C:Can I help you?

B:Thank you. We like this T-shirt.

A:How much is it?

C:It's 89 *yuan*.

B:Oh,it's a little bit expensive.

C:But it's really beautiful. You can try first. What size do you wear?

A:The small size.

C:Ok. Wait a moment.

在本课例中,教师通过使用多媒体视频,为学生创设了丰富的语用情境。多媒体的使用,很好地弥补了教室空间的局限性。它创设了有效的语言环境,引导学生在有意义的语言输入中巩固新知识,学生通过任务驱动,发展语用能力,让自身经验与文本碰撞,

促使他们在再构语篇的过程中体会到运用语言的快乐,在对话创编的过程中,学生的思维和个性能力得到有效的提升。①

四、小学英语对话教学模式

(一)模式解读

小学英语对话教学应基于学生的实际需求、已有的知识水平和生活经验,准确定位对话的主题、功能,设计条理清晰、层次分明的教学活动,进而运用所学知识、技能和策略,以对话主题为中心,在语言支架的帮助下,与他人进行交际,表达个人的观点和态度,解决生活中的真实问题,从而达到培养学生核心素养的目标。当前小学英语对话教学存在"重情境堆砌,轻整体情境""重语言形式,轻语言功能""重机械操练,轻意义交流""重知识传授,轻能力培养"等问题,这些问题的存在大大降低了对话教学的效率。

为了能够提升小学英语对话课教学效率,经过研究和实践,我们总结出了"悦学课堂"视域下的"PIPC"小学英语对话教学模式,包含 Perception、Instruction、Practice、Creation 4 个环节。(图 2-5)

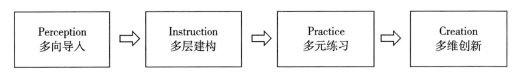

图2-5　PIPC 小学英语对话教学模式

1. Perception(多途径导入,感知对话主题,激活已知语言)

教师需要通过听音频、看视频、观图片、做游戏等多种途径和方法,呈现主题,导入对话话题,同时激活相关主题和话题下的已知语言和生活经验。

2. Instruction(多层次建构,获取对话信息,搭建语言支架)

基于单元和课时的整体情境和真实任务,设计各类语言活动任务,获取对话语篇中的关键信息,梳理细节,概括整合、重组信息,逐步帮助学生搭建交流所需的语言支架。

3. Practice(多方式练习,巩固对话结构,内化语言知识)

教师应始终围绕对话主题,设计兼顾机械操练和意义操练的练习活动,如针对对话核心语言的替换、填空等训练,针对核心句型的情境练习,针对对话整体语篇的跟读、配音、朗读等活动,帮助学生巩固对话结构,内化语言知识。

4. Creation(多角度创新,链接真实生活,解决生活问题)

教师要链接真实生活,针对学生的已有知识经验和生活经验,呈现真实问题,引导学

---

① 李晓荣.多媒体教学在英语课堂上的辅助作用[J].中国教育技术装备,2011(4):197-198.

生使用所学语言,运用学习策略,积极展开交流,解决生活中的真实问题,促进能力向素养的转化。

(二)案例分享

【案例2-1】人教版(三年级起点)四年级(上册)

Unit 5 Dinner's ready

Part B Let's talk

1. 语篇内容

> Mum:Dinner's ready! Help yourself.
>
> Wu Binbin & Mike:Thanks.
>
> Wu Binbin:Would you like a knife and fork?
>
> Mike:No,thanks. I can use chopsticks.
>
> Mum:Would you like some soup?
>
> Wu Binbin & Mike:Yes,please.

2. 语篇研读

What 该语篇是围绕"就餐"这一主话题,通过 Mike 在 Wu Binbin 家做客的场景,展开家庭中的日常对话。主要涉及就餐时提出用餐及餐具使用建议的相关表达。Mike 来到 Wu Binbin 家里做客,妈妈把饭做好了,三人就 Mike 是否使用刀和叉以及两个孩子是否喝汤提出建议并做出回应。

Why 该语篇通过"就餐"话题展开,使学生学习如何询问用餐意愿及餐具需求的日常对话,并引导学生了解中西方饮食文化差异、用餐礼仪等,培养学生树立关爱他人,热情待客的观念。

How 本课的学习涉及:餐具相关的词汇,如 knife,fork,chopsticks 等。就餐谈话时常用的句型,如招待别人的"Help yourself";询问并回答某人是否想要某种食物或餐具的"Would you like… No,thanks/Yes,please";表述自己能做的事情"I can use…";等等。

3. 教学目标

通过本课的学习,学生:

①在看、说、听的活动中,获取、梳理对话中人物就餐时,询问对方就餐意愿并做出正确回答(学习理解);

②在图片和板书的帮助下,分角色表演对话(应用实践);

③在教师的引导下,小组合作完成新对话的创编,在交流过程中,引导学生关注中西方国家的饮食文化差异,同时培养学生树立关爱他人,热情待客的观念(迁移创新)。

4. 教学流程(图2-6)

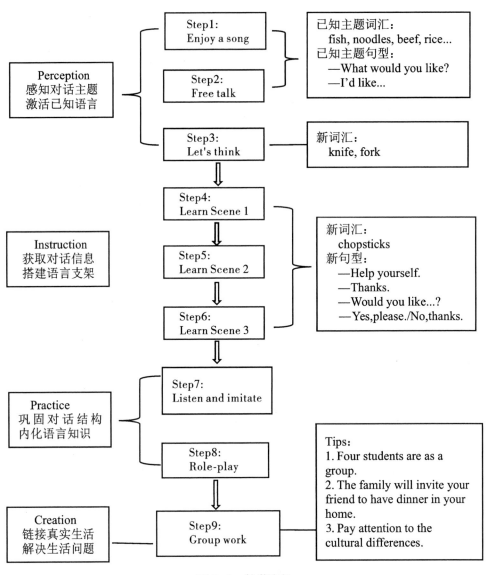

图2-6 教学流程

5. 教学过程(表2-1)

表2-1 教学过程

教学目标	教学环节	学习活动
学生在看、说、听的活动中,获取、梳理对话中人物就餐时,询问对方就餐意愿并做出正确回答(学习理解)	Perception (感知对话主题)	**Step 1:Enjoy a song** 学生欣赏英文歌曲,感知本节课与食物相关的表达。 T:Boys and girls! Let's enjoy a song *What would you like?* and pay attention to the food you hear. Here we go! S:学生根据歌曲内容说出食物的名称,如 fish,beef **Step 2:Free talk** 学生与教师自由对话,复习学过的有关食物的词汇和询问用餐意向的句型。 T:I'd like some noodles. What would you like? S:I'd like some… 学生回答后,教师可以进行有针对性的反馈。例如: Carrots are healthy./I like them,too./It's yummy. **Step 3:Let's think** 学生思考待客时应注意的细节。 T:Wu Binbin invites Mike to have dinner in his home. What does Wu Binbin need to prepare? S:Plate/bowl/vegetables/meat/rice… 学生说出刀叉或者西餐时,教师问原因。 —What would you like? —I'd like… bread noodles fish beef milk cake soup rice chicken juice T:Why? S:Mike is from Canada. T:That's right. People often use knives and forks there. Look! This is the knife,and this is the fork. 学生根据教师展示的实物图片进行跟读,学习单词 knife,fork。

续表2-1

教学目标	教学环节	学习活动
学生在看、说、听的活动中,获取、梳理对话中人物就餐时,询问对方就餐意愿并做出正确回答(学习理解)	Instruction (搭建语言支架)	**Step 4:Learn Scene 1** 学生通过预测、观看动画、朗读的方式,学习并梳理第一个场景的文本内容。 Let's guess. T:Look at this picture. Wow,so much food. Guess:What will Wu Binin's mother say? S:Dinner's ready! T:Good guess. Let's watch. T:Now Let's watch the cartoon about this part. 学生观看此部分动画。 T:Wu Binbin's mother says:"Dinner's ready! Help yourself." When we have dinner. It's very polite to say the sentence "Help yourself" to our guest. Please read it again. 学生跟读,练习这个句子。 T:What will the boys say? S:Thank you. /Thanks. /Thanks a lot… T:Very good. Let's read. T:Now let's listen and follow. 学生跟着音频朗读这一部分。 **Step 5:Learn Scene 2** 学生通过预测、观看动画、朗读的形式,学习并梳理第二个场景的文本内容。 Let's guess. T:Boys and girls. Please look at this picture. What's in Wu Binbin's hand? S:A knife and fork. T:Guess:What happened to them? 学生说出 Wu Binbin 想把刀叉递给 Mike,让 Mike 使用等猜测。 T:What's in Mike's hands? 学生说出筷子和碗。 T:Yes. The bowl and the chopsticks. Let's learn the word. Read after me. 学生根据教师展示的实物图片,跟读学习单词 chopsticks。

续表2-1

教学目标	教学环节	学习活动
学生在看、说、听的活动中,获取、梳理对话中人物就餐时,询问对方就餐意愿并做出正确回答(学习理解)	Instruction (搭建语言支架)	**What's in their hands?** a knife and fork　　chopsticks knife bowl fork T:Guess:What will they say? 学生大胆预测两人的对话内容。 Let's watch and say. T:Now please watch the cartoon. 学生观看这一部分的动画。 T:Pay attention to this sentence. Read after me: ——Would you like a knife and fork? ——No,thanks. 学生跟读、学习这个句型结构。 T:So Mike can use the chopsticks. Can you use the knife and fork? S:Yes. I can use them. /No,I can't use them. T:When do you use them? 学生说出吃牛肉或者西餐时用刀和叉。 T:Right. You are clever. Let's read. T:Now let's listen and follow. 学生跟着音频朗读这一部分。 **Step 6:Learn Scene 3** 学生通过预测、观看动画、朗读的方式,学习并梳理第三个场景的文本内容。 Let's look and say. T:Look at the last picture. What can you see on the table? S:The soup. T:Do the boys like it? S:Yes,they do. T:How do you know that? S:学生说出是通过两人的表情和动作判断出来的。 T:Wonderful. Now guess:What will they say? S:Do you want some soup? / Would you like some soup? …

续表2-1

教学目标	教学环节	学习活动
学生在看、说、听的活动中,获取、梳理对话中人物就餐时,询问对方就餐意愿并做出正确回答(学习理解)	Instruction (搭建语言支架)	学生大胆预测三人的对话内容。 Let's watch. T:Now let's check. Please watch the cartoon. 学生观看这一部分的动画。 T:Bingo! You are so clever. You get the right answers. Let's read. T:Please listen and follow. 学生跟着音频朗读这一部分。 T:Well done.
设计意图:本阶段通过播放与本单元主题相关的的歌谣,激发学生的学习兴趣,同时也为后面展开师生之间的对话做好准备;通过复习和巩固相关词汇和句型,培养了学生思维的延展性,也为新课做好知识上的铺垫。新授课环节旨在帮助学生借助图片,联系生活实际,在语境中理解、猜测并分析文本,激发学生的表达欲望,提高其思维水平,培养其交际策略。在此过程中,引导学生了解中西方饮食文化差异、用餐礼仪等。学生通过分析文本对话,进一步理解核心语言内容,内化语言,为后续学生活动搭建语言框架。		
在图片和板书的帮助下,分角色表演对话(应用实践)	Practice (内化语言知识)	**Step 7:Listen and imitate** 学生通过听音频跟读并模仿语音语调,整体感知文本内容。 T:Now let's listen and imitate. Please try to pronounce correctly. Read fluently. Read with emotions. Here we go! 学生跟音频朗读,教师对个别句子进行语音语调上的重点朗读指导。 T:Good pronunciation and intonation. **Step 8:Role-play** 学生通过分角色朗读或者表演,练习文本内容。 T:This time I am Wu Binbin's mother. Who wants to be Wu Binbin and who wants to be Mike? Come here and let's role play. 学生与老师进行角色扮演。 T:Good. Now work in three. One is Wu Binbin's mother and the others are Mike and Wu Binbin. Are you clear? I'll give you 3 minutes to do it. 学生根据教师出示的评价标准,分角色扮演对话内容并展示,师生共同根据表演情况进行星级评价。
设计意图:本阶段学习活动旨在引导学生在归纳和整理核心语言的基础上,巩固所学语言。通过模仿人物之间的对话来内化语言知识,理解文本意义,同时掌握语音方面的知识和技巧。从学习理解过渡到应用实践,为后面的真实表达搭建好语言框架。		

续表2-1

教学目标	教学环节	学习活动
在教师的引导下,小组合作完成新对话的创编。在交流过程中,引导学生关注中西方国家的饮食文化差异,同时培养学生树立关爱人,热情待客的观念(迁移创新)	Creation (链接真实生活)	**Step 9:Group work(Make a new dialogue)** 学生以小组合作的形式进行对话创编,从文本内容链接到学生的真实生活,创造性地运用所学语言。 T:Boys and girls. Have you ever invited your friends or classmates to have dinner? S:Yes. T:You are very friendly. Now let's do group work. Just like the dialogue we have learned today. Please make a new Group work｜Make a new dialogue(创编新的对话) The sentences patterns A&B:Welcome./Dinner's ready! /Help yourself. C:Thank you/Thanks. D:Would you like ... C:Yes, please./No, thanks. ... Here are some tips for you. Please listen carefully! Four students are as a group. One student is the father. One student is the mother. One is the child, and the last one is the guest you invite. Maybe he or she is from China, or he or she is a foreigner. The family will invite your friend to have dinner in your home. Pay attention to the cultural differences. The sentence patterns below can help you. A&B:Welcome. /Dinner's ready! /Help yourself. C:Thank you/Thanks. D:Would you like… C:Yes,please. /No,thanks. … T:Are you clear? S:Yes. T:All right. I will give you five minutes. Ready,go! 学生以小组合作的形式完成新的对话创编。 T:Have your finished? Which group can show it? 学生分组依次上台展示,教师和学生给予恰当评价。

设计意图:本阶段学习活动旨在帮助学生在创新的语境中,创造性地运用所学语言,结合自己的生活实际,以同伴合作的形式进行交流,为学生达成学习目标建立有梯度的支架。学生从课本走向现实生活,在交流的过程中,创造性地运用语言。同时,在小组对话练习中注重培养学生跨文化交际的思想及热情待客的意识。

续表2-1

Homework	1. Listen and read this dialogue. 2. If Mike invites Wu Binbin to have dinner in his home, What will they talk? Please try to make a new dialogue.
Blackboard Design	Unit5 Dinner's ready Mum:Dinner's ready!　Help yourself! Wu Binbin: Thanks. Mike:　Would you like ...? No, thanks.　I can use＿＿＿. Yes, please.

【案例2-2】人教版(三年级起点)五年级(上册)

Unit 3　What would you like?

Part B　Let's talk

1. 语篇内容

Sarah：What's your favourite food?

Zhang Peng：Noodles. I love beef noodles. They're delicious. What's your favourite food?

Sarah：Fish.

Zhang Peng：Well, let's see. We have beef noodles and fish sandwiches today.

Sarah：Great!

2. 语篇研读

What　本课语篇是小学生日常对话,内容围绕学生讨论自己喜欢的食物展开。Zhang Peng 和 Sarah 在去食堂的路上,讨论起自己最喜欢的食物以及原因。当他们来到餐厅,看到自己喜欢的食物恰巧在今日菜单上,就开心地去吃饭了。

Why　语篇通过简单对话,学习如何与他人讨论自己喜欢的食物,并引导学生初步树立健康饮食意识;

How　本课的对话是比较典型的学生日常生活对话,学习内容涉及:学生分享最喜

欢的食物/饮品的词汇,如 my favourite food/drink,like,love,delicious,sweet,hot,healthy,fresh 等。交流自己最喜欢的食物/饮品的核心语言,如"What's your favourite food/drink? My favourite food/drink is...I like/love...They are... It's..."等。

3. 教学目标

通过本课的学习,学生:

①在看、听、说的活动中,获取、梳理对话中两个小朋友最喜欢的食物及原因(学习理解);

②在图片和表格的帮助下,分角色表演对话(应用实践);

③在教师的帮助下,小组合作完成餐饮公司的调查问卷,并就自己的饮食进行讨论且给餐饮公司反馈(迁移创新)。

4. 教学流程(图2-7)

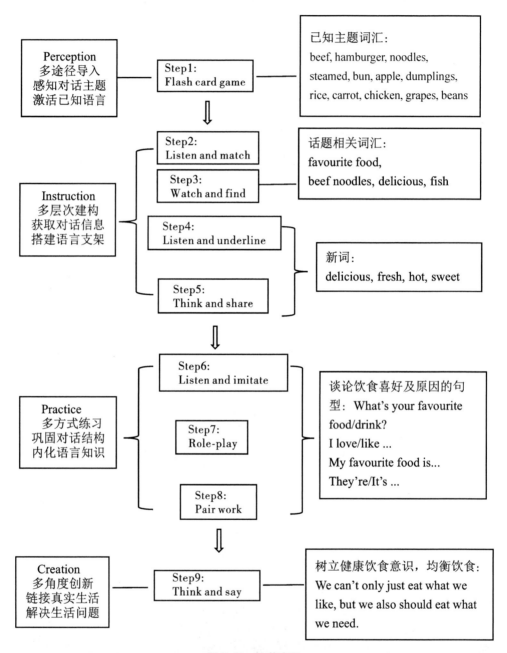

图2-7 教学流程

5. 教学过程（表 2-2）

表 2-2 教学过程

教学目标	教学环节	学习活动
学生在看、听、说的活动中，获取、梳理对话中两个朋友最喜欢的食物及原因（学习理解）	Perception（感知对话主题）	**Step 1：Flash card game** 学生玩闪卡游戏导入，感知食物主题，激活已知语言。 1. Look and say. T：Here are some pictures in my hand. Let's look and say. 学生根据卡片内容依次说出食品和饮品的名称。 教师可以根据某几个回答进行有针对性的反馈。 T：So many foods and drinks here. Different people like different foods and drinks. So do Zhang Peng and Sarah. In this lesson，we'll find out what food and drink they like.
	Instruction（搭建语言支架）	**Step 2：Listen and match** 学生听录音，提取音频关键信息并连线。 T：Here, Zhang Peng and Sarah are talking about their favourite drinks. Let's listen and match. 学生听录音连线 T：What's your answer? ／What's your idea? S：Zhang Peng likes grape juice and Sarah likes milk. T：Are they right? S：Yes. T：Maybe. Let's check the answers together. From this dialogue，we can see Zhang Peng's favourite drink is grape juice. Sarah's favourite drink is milk. So you're right. **Step 3：Watch and find** 学生观看课文动画，初次感知文本，提取文本关键信息。 T：We have known their favourite drinks. How about foods? Let's watch and find out. 学生观看课文动画 T：What's Zhang Peng's favourite food? S：Beef noodles. T：Very good. How about Sarah? What's Sarah's favourite food? S：Fish. T：Good job. S：Zhang Peng's favourite food is beef noodles. Sarah's favourite food is fish. T：Good job!

续表2-2

教学目标	教学环节	学习活动
学生在看、听、说的活动中,获取、梳理对话中两个朋友最喜欢的食物及原因(学习理解)	Instruction (搭建语言支架)	**Step 4:Listen and underline** 学生听音频,看课文内容,提取文本细节信息,感知语言重点。 T:Listen to the tape and find the the reason. Why do they like this food best? 学生听音频,看课文内容,找到 Zhang Peng 和 Sarah 最喜欢该食物的原因。 T:Who find the answer? Why does Zhang Peng like beef noodles best? S:They are delicious. T:Yes,Zhang Peng says they are delicious. Delicious means yummy. OK,follow me,delicious. S:delicious delicious delicious. T:How about Sarah? Why does she like fish best? 学生思考。 T:Sarah didn't tell us. Do you know the reason? Maybe you can guess it. 学生猜测 Sarah 喜欢吃鱼的原因。(healthy/delicious/fresh/hot/yummy…) 教师根据学生猜测的情况进行反馈。 T:All of you are so imaginative! Here are some words. We can use them to describe the food. Some pictures for you. Can you describe? S1:It's delicious and hot. S2:They are hot. S3:It's sweet and yummy. S4:It's healthy and fresh. T:Well done! <table><tr><td></td><td>Favourite food</td><td>Reason</td></tr><tr><td>Zhang Peng</td><td>noodles</td><td>delicious</td></tr><tr><td>Sarah</td><td>fish</td><td>healthy …</td></tr></table>

续表2-2

教学目标	教学环节	学习活动
学生在看、听、说的活动中,获取、梳理对话中两个朋友最喜欢的食物及原因(学习理解)	Instruction (搭建语言支架)	**Step 5:Think and share** 学生细读文本并认真思考,为小组活动做铺垫。 T:Now,look at this dialogue carefully and think a question. Do they like their today's menu? 学生分享自己的理解。 T:How do you know that? S:Because Zhang Peng and Sarah can eat their favourite food today. T:Wonderful! Boys and girls,I think all of you have a good understanding of this talk.
设计意图:本阶段通过"闪卡"游戏,让学生说出与本单元主题相关的食物和饮品,激发了学生的学习兴趣,同时也为后面展开对话活动作准备;通过复习和巩固相关词汇和句型,培养了学生思维的延展性,为学习新课做好铺垫;新授环节旨在帮助学生借助图片,联系生活实际,在语境中理解、猜测和分析文本,激发学生表达的欲望,提高其思维水平,培养其交际策略;学生通过分析文本对话,进一步理解核心语言内容,内化语言知识,为后续活动搭建语言支架。		
学生在图片和表格的帮助下,分角色表演对话(应用实践)	Practice (内化语言知识)	**Step 6:Listen and imitate** 学生听音频跟读,模仿语音语调。 T:Now let's listen and imitate this dialogue. Pay attention to your pronunciation and intonation. 学生跟音频朗读。 T:Good pronunciation and intonation. And all of these sentences are falling tone. **Step 7:Role-play** 学生分角色朗读文本,练习文本内容。 T:Now let's role play it. Two students in one group. One is Zhang Peng and the other one is Sarah. For example,I am Sarah. Who wants to be Zhang Peng? 一个学生扮演张鹏。 T:Boys and girls,do you understand? S:Yes. T:Attention to your pronunciation,fluency,and accuracy! 学生分角色扮演对话内容并展示。

续表2-2

教学目标	教学环节	学习活动
学生在图片和表格的帮助下,分角色表演对话(应用实践)	Practice (内化语言知识)	**Step 8:Pair work** 同桌对话练习,内化语言支架。 T:From this dialogue, we know Zhang Peng's favourite food is beef noodles. They are delicious. Sarah's favorite food is fish. Maybe it's very healthy. How about you? What's your favourite food and drink? 学生针对自己最喜欢的食物和饮品展开讨论并分享原因。 T:OK,now you can talk about your favourite food and drink with your partner. Three minutes for you. 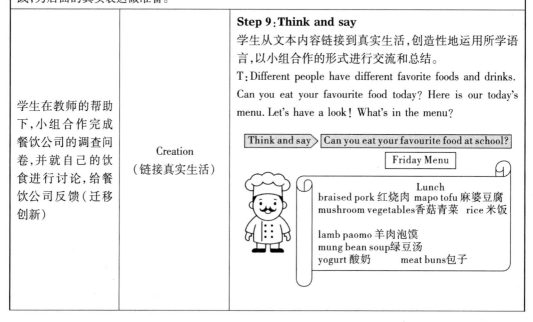
设计意图:学生能够在归纳和整理核心语言的基础上,巩固所学语言,构建知识框架,内化语言知识,理解文本意义;使用连续话语分享自己喜爱的食物及原因,促进语言内化,从学习理解过渡到应用实践,为后面的真实表达做准备。		
学生在教师的帮助下,小组合作完成餐饮公司的调查问卷,并就自己的饮食进行讨论,给餐饮公司反馈(迁移创新)	Creation (链接真实生活)	**Step 9:Think and say** 学生从文本内容链接到真实生活,创造性地运用所学语言,以小组合作的形式进行交流和总结。 T:Different people have different favorite foods and drinks. Can you eat your favourite food today? Here is our today's menu. Let's have a look！What's in the menu? Think and say▷ Can you eat your favourite food at school? Friday Menu Lunch braised pork 红烧肉 mapo tofu 麻婆豆腐 mushroom vegetables香菇青菜 rice 米饭 lamb paomo 羊肉泡馍 mung bean soup绿豆汤 yogurt 酸奶 meat buns包子

续表2-2

教学目标	教学环节	学习活动
学生在教师的帮助下,小组合作完成餐饮公司的调查问卷,并就自己的饮食进行讨论,给餐饮公司反馈(迁移创新)	Creation (链接真实生活)	T:Can you eat your favourite food today? 学生根据菜单内容说出今天是否能吃到自己最喜欢的食物。 T:If you couldn't eat your favourite food at school,maybe we can give our suggestions to our school or food company. S:Yes. T:Actually,the food company gives a letter to me. Let's have a look first. 学生观看信件内容。 T:Some students love our school lunch,but some students not. So we can do this survey together. It's time for group work. You need to make an interview about your favourite food,drink,vegetable and fruit. Then finish this survey. Here are some tips for you:Four students in each group. Use the sentences correctly. Use your body language timely. Five minutes for you. 学生根据信件内容,讨论完成餐饮公司的调查问卷。

设计意图:学生在教师的帮助下,在创新的语境中,创造性地运用所学语言,以小组合作的形式进行交际,结合自己的生活实际说一说,为学生达成学习目标建立有梯度的支架。学生从课本走向现实生活,在交流的过程中,创造性地运用语言。同时,通过做采访和汇报,指导学生进行总结和归纳,发展学生独立自考,自主学习和创新交际的能力。

Homework	1. Listen and read this dialogue. 2. Design a healthy and delicious menu and make a new dialogue according to your menu.
Blackboard Design	Unit 3 What would you like? 学生调查表展示 — What's your favourite food? —I love beef noodles .They are delicious . — fish .It's healthy fresh hot sweet —My favourite food is _____ .

【案例2-3】人教版(三年级起点)六年级(下册)

Unit 4　Then and now

Part B　Let's talk

1. 语篇内容

> Chen Jie：John，come and look at Mike's old photos！
>
> John：That's funny，Mike！You're wearing a pink T-shirt.
>
> Mike：Yes，but I don't like pink now.
>
> Chen Jie：We are all different now！
>
> Mike：Right. Before，I was quiet. Now，I'm very active in class. How about you？
>
> John：Well，I was short，so I couldn't ride my bike well.
>
> 　　　Now，I go cycling every day. I like it very much.
>
> Chen Jie：That's good exercise.
>
> **How did Mike change**？

2. 语篇研读

What　本语篇是日常对话。主要通过 Chen Jie，John，Wu Binbin 去拜访 Mike，针对在 Mike 家看到的老照片展开对话学习。Mike 以前比较内向，但是现在变得开朗了许多，John 分享自己以前比较矮，不会骑自行车，但现在每天都骑车。孩子们在分享交流中学会正确看待自己的变化，同时也尊重他人的变化。

Why　语篇通过让学生运用对话策略，有条理地和朋友讨论自己的变化。感受人物的变化以及成长的含义，最终树立正确的价值观和人生观。

How　本课作为对话教学，要求学生在具体的话题和情景中对比并灵活运用两种时态，锻炼语言表达能力。在情景中运用句型"Before，I was…Now，I'm…"对比过去和现在自己的变化。理解生词 different 和 active 的意思，并能正确发音。能够运用对话策略，有条理地和朋友讨论自己的变化。

3. 教学目标

通过本课的学习，学生：

①在看、听、说的活动中，梳理对话中人物过去和现在的变化（学习理解）；

②能够按照正确的语音、语调及意群朗读对话，并能进行角色表演（应用实践）；

③能够运用对话策略，有条理地和朋友讨论自己的变化（迁移创新）。

4. 教学流程(图2-8)

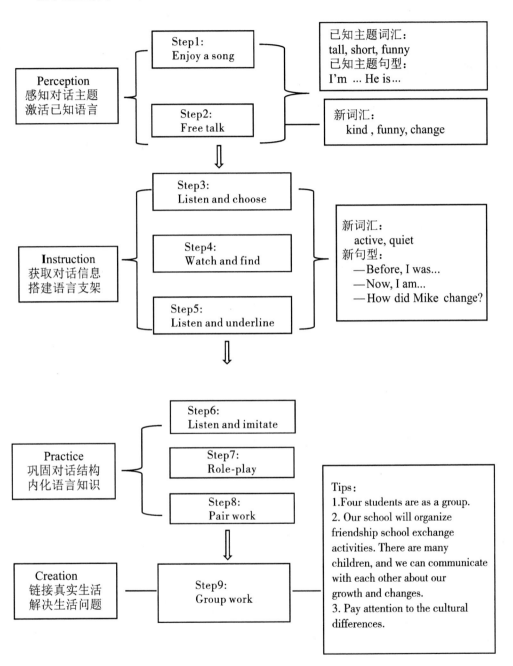

图2-8 教学流程

5. 教学过程(表 2-3)

表 2-3　教学过程

教学目标	教学环节	学习活动
在看、听、说的活动中,获取、梳理对话中过去和现在人物的变化(学习理解)	Perception (感知对话主题)	**Step 1:Enjoy a song** 学生欣赏英文歌曲 changes in me,感知本节课里现在和过去变化的表达。 T:Boys and girls! Let's enjoy a song Changes in Me,and pay attention to the changes. Here we go! **Step 2:Free talk** 自由讨论,搭建支架,激活语言 1. Greeting 学生和老师互动口语交际。 T:What's your name? S:My name is… T:How tall are you? S:I'm…cm tall. T:Do you know how tall when I was a child? 2. How did…change? 学生观察教师的图片,描述教师的变化。 S:He was…　He is… 　🔥 ★ Free Talk 　　Talk about the changes of…

设计意图:本阶段 Perception 环节,在轻松的 Free talk 中进入英语课堂。让孩子们欣赏不同时间教师的照片,在自然的情景中引出过去和现在的变化。学生在真实的情境中感知语言,激活已知语言,用旧知引新知。

续表2-3

教学目标	教学环节	学习活动
在看、听、说的活动中，获取、梳理对话中过去和现在人物的变化（学习理解）	Instruction（搭建语言支架）	**Step 3：Listen and choose** 听录音，提取音频关键信息并选择。 T：Observe Mike's picture and predict the listening content. What are they talking about? A. Mike's hobby. B. Mike's old photos. C. Mike's weekend. S：They are talking about Mike's old photos. 🎧 **Listen and choose** ★**Listen and circle** 1. **What are they talking about?** 　A. Mike's hobby.　(B.) Mike's old photos. 2. **What grade was Mike in?** 　(A.) Grade 1.　　B. Grade 5. **Step 4：Watch and find** 观看课文动画，感知文本，提取文本关键信息。 T：Let's enjoy the movie and think the question "Who are they?" 学生观看课文动画，思考回答。 S：They are Mike and John. T：What's Mike wearing? 　What does John do every day? 📺 **Watch and find out** Who are they? What's Mike wearing? What does John do every day?

续表2-3

教学目标	教学环节	学习活动
在看、听、说的活动中,获取、梳理对话中过去和现在人物的变化(学习理解)	Instruction (搭建语言支架)	**Step 5:Listen and underline** 听音频,看课文内容,提取文本细节信息,感知语言重点,形成结构思维。 T:Listen to the tape and find the change in different aspects. 学生听音频,看课文内容,找到 Mike 和 John 外表、性格、喜好、能力方面的变化。 S:He had... He has...(Appearance) He was... He is...(Personality) He liked... He doesn't like...(Like and dislike) He couldn't... He can...(Ability)
设计意图:学生分析文本,联系生活,激发表达。学生借助思维导图分析文本对话,掌握结构化表达人物的变化。通过深入理解核心语言内容,内化语言,为语言输出奠定基础。			

能够按照正确的语音、语调及意群朗读对话,并能进行角色表演(应用实践)	Practice (内化语言知识)	**Step 6:Listen and imitate** 听音频跟读,模仿语音语调。 T:Now let's listen and imitate this dialogue. Pay attention to your pronunciation and intonation,OK? 学生跟音频朗读。 T:Good pronunciation and intonation. S:Yes! T:Good job! 🔥 **Listen and imitate** *Chen Jie:* John, come and look at Mike's old photos! *John:* That's funny, Mike! You're wearing a pink T-shirt. *Mike:* Yes, but I don't like pink now. *Chen Jie:* We are all different now!

续表2-3

教学目标	教学环节	学习活动
能够按照正确的语音、语调及意群朗读对话,并能进行角色表演(应用实践)	Practice (内化语言知识)	**Step 7:Role-play** 分角色朗读文本,练习文本内容。 T:Now let's role play it. Two students in one group. One is Mike and the other one is John. T:Boys and girls,do you understand? S:Yes. T:Attention to your pronunciation,fluency,and accuracy! 学生分角色扮演对话内容并展示。 ★ **Role play** *Chen Jie:* John, come and look at Mike's old photos! *John:* That's funny, Mike! You're wearing a pink T-shirt. *Mike:* Yes, but I don't like pink now. *Chen Jie:* We are all different now! 🎧 **Step 8:Pair work** 同桌对话练习,内化语言支架。 T:From this dialogue,we learned about the changes of Mike and John, and the students can talk with each other to understand the changes of each other 同桌讨论一下彼此的变化。 ⚑ **Pair work** **How did ... change?** wasn't tall had long/... hair didn't wear glasses/... didn't like green/... didn't like cats/... didn't like eggs/...

设计意图:本阶段学习活动旨在引导学生在归纳和整理核心语言的基础上,巩固所学语言,构建知识框架,内化语言知识,理解文本意义。运用语言谈论自己的变化,促进语言内化,从学习理解过渡到应用实践,为后面的真实表达做准备。

续表2-3

教学目标	教学环节	学习活动
能够运用对话策略,有条理地和朋友讨论自己的变化(迁移创新)	Creation（链接真实生活）	**Step 9:Group work** 从文本内容链接到学生的真实生活,创造性地运用所学语言,以小组合作的形式进行交流和总结。 T：Our school will organize friendship school exchange activities. There are many children,and we can communicate with each other about their growth and changes. 学校要与国际友谊学校组织交流活动。 这儿有很多孩子,我们可以相互交流彼此的成长和变化。 同学们可以有条理地向朋友介绍自己、家人、朋友的变化。 I was... I am... He was... He is... I liked... I don't like... He liked... He doesn't like... I couldn't... I can... He couldn't... He can...

设计意图:本阶段学习活动旨在帮助学生在创新的语境中,创造性地运用所学语言,以小组合作的形式进行交际,结合自己的生活实际说一说。学生能够运用对话策略,有条理地和朋友讨论自己的变化,同时也增强了自信心,加深了友谊,从课本走向现实生活,在交流的过程中,创造性地运用语言。

Homework	1. Read the dialogue 3 times. 2. Talk about your changes with your friends.
Blackboard Design	**Unit 4 Then and now** How did...change? Before / Now Mike: had long hair / had short hair; was quiet / is active; liked pink / doesn't like pink John: couldn't ride a bike well / goes cycling every day Appearance / Personality / Like and dislike / Ability

第三章　词汇教学

　　词汇是英语学习之基,写作之魂,阅读之本,在语言学习和应用中占据重要地位。词汇教学是小学英语课堂教学中非常重要的课型,小学英语词汇教学质量影响着学生英语核心素养的提升。义教新课标指出,根据单词的音、形、义学习词汇,体会词汇在语境中表达的意思,在语境中引导学生感知单词的发音,借助图片、音视频及实物等教具,以及表情、手势和动作等帮助学生认读并理解词汇含义。教学中要优化课堂教学结构,通过听、说、读、看、写等活动,理解和表达与各种与主题相关的信息和观点,提高词汇教学的有效性。

一、小学英语词汇教学定义

　　词汇教学是以词汇为主要教学内容,以词语的理解和运用为教学目标的教学设计和教学过程。词汇学习不只是记忆单词的音、形、义,更重要的是在语篇中通过听、说、读、看、写等活动,理解和表达与各种主题相关的信息和观点。教师在词汇教学中应根据学生的认知发展及语言水平,利用教材及各种相关资源,设计由浅入深、形式多样、关联递进的学习活动,实现从语言理解到语言解码再到意义建构的过程,在语境中将词汇的音、形、义、用融为一体。

二、小学英语词汇教学特点

　　根据义教新课标要求,结合小学阶段学生的身心发展水平,小学英语词汇教学具有趣味性、情境性和运用性三个方面的特点。

(一)趣味性

　　趣味性较强的教学能减轻学生的心理压力,提升学生的兴趣和自信心。小学阶段基于学生的年龄特点,在词汇教学中,教师可以通过多种方式引入趣味性元素,如:通过开展游戏活动、展示图片、播放音视频和猜谜语等手段,使学生直观地接受和理解所学的知识。此外还可以通过编写故事、制作词汇卡片等活动让学生在轻松愉快的氛围中学习和巩固所学。

(二)情境性

情境性强调将词汇教学置于具体、生动的情境之中,帮助学生更好地理解和记忆词汇,提高学生的词汇运用能力。教学中,教师可以通过创设真实情境,将词汇与实际生活紧密联系起来,达到学以致用的效果。

(三)运用性

运用性强调将所学知识与实际运用相结合,培养学生运用英语进行有效沟通的能力。在词汇教学中,要创设真实的语境,通过丰富的语境帮助学生理解和运用词汇。让学生不断运用所学词汇,只有不断复现,才能巩固所学的词汇,提高词汇理解和运用能力。学生能在真实的语境中加以运用,才是词汇教学的最终目标。

三、小学英语词汇教学策略

教师在进行词汇教学时,学习活动的设计应围绕主题,基于口头和书面等多模态形式的语篇,设计学习理解、应用实践、迁移创新等层层递进的语言、思维、文化相融合的活动。有效地运用多种策略,旨在落实学生核心素养的提升。

(一)设计学习理解类活动,帮助学生学习新知并感知意义

在设计学习理解类活动时,教师要基于语篇,充分利用教材插图、游戏、音视频等多维资源激活学生的已有知识经验,从语篇中获得与主题相关的词汇,形成新的知识结构,感知并理解语言所表达的意义。

1. 开展游戏,感知词义

小学生表现欲望强烈,好奇爱动。教师要在游戏中教授词汇,让学生真正地在玩中学,在学中玩,充分发挥学生学习的主动性和积极性。通过游戏可以使课堂多样化、趣味化,从而提高学生学习的兴趣,让学生喜欢去学单词,主动去学单词,从而增加学生的词汇量。在游戏中需要与其他同学合作,同时也培养了学生的团队精神。

【课例3-1】人教版(三年级起点)三年级(上册)"Unit 4 We love animals"教学片段

T:Look！What's this?

(教师拿出搭建好的简易投影设备——幕布、手电筒,在幕布后做出 pig 的手影)

S1:It's a pig.

T:Yes,it's a pig.(教师出示本课重点词汇 pig,播放音频,结合拼读讲解 p-i-g)

T:Can you do it? It's a pig.(教师再次演示手影,带领学生一起边做边说)

(教师使用同样方法依次做出 bear,cat,dog 手影,带领学生边猜边学)

T:Now,who can make a duck? Show us.(教师请学生上台在幕布后做出 duck 手影)It looks like a real duck！What is the duck like?

S2:It has a big mouth.

T:Yes,so you can make the duck's mouth like this.

（教师出示本课重点词汇 duck,播放音频,结合拼读讲解 d-u-c-k）

游戏除了具有娱乐功能,也具有学习功能。在课堂教学中适当组织学生开展游戏竞赛活动,不仅能激发学生的兴趣,培养学生的合作精神与竞争意识,而且能把枯燥的单词记忆变得生动有趣。

2. 活用插图,理解词义

教材中配有丰富的课文插图,教师在教学中也会搜集一些相关的插图。插图给人以直观的视觉信息,为学生提供生动的语言场景,是学生理解语言知识的有效途径。教学中教师可以呈现教材插图,引导学生读图预测,尝试使用已知词汇进行表达,延伸教材语篇,理解词义。

【课例3-2】人教版(三年级起点)三年级(下册)"Unit 3 At the zoo"教学片段

T:Miss White is at the zoo. What animal does she see? Let's guess！ What is it?（教师逐一呈现大象的局部图片）

S1:It's a big ear！

S2:It's a small eye！

S3:It's a long nose！

S4:...

T:Can you guess now？ What animal is it?

S5:It's an elephant.

T:Yes！ Look at the elephant. It has...（呈现几个部位的图片,利用放大镜突出重点）

Ss:Long nose./Short tail./Small eyes and big ears.

（教师边引导学生描述大象,边在黑板上板书核心词汇 long,short,small,big）

...

T:Look！ Here is an ostrich！ Can you talk about it?（教师出示教材中鸵鸟的图片,让学生尝试进行描述）

Ss:It is big and tall.

Ss:It has a short/small tail. It has a long neck. It has long legs...

本课例充分利用插图,引导学生理解语篇中 small,big,short,long 等核心词汇,构建了词汇之间的意义关联,使它们变得鲜活。由旧知引出新知,提高了知识的复现率,促进了知识内化。

3. 巧用实物,学习词义

感知并初步理解目标词汇后,教师借助实物,设计听、说、读、看、演等语言实践活动,引导学生深入学习词汇的意义,理解语篇相关信息及表达的意义。

【课例3-3】人教版(三年级起点)四年级(下册)"Unit 4 At the farm"教学片段

T:Wow! We know so many words of vegetables. Now let's play a guessing game. I will cover your eyes,you can touch,you can smell and you can taste. Then guess what these are.

(教师解释词汇练习游戏的规则,并且展示真实的蔬菜与水果,让学生对游戏充满期待)

T:You can touch. You can smell. Boys and girls,let's ask together.

(教师邀请学生上台,蒙上学生眼睛,并把水果或者蔬菜放在学生手中)

Ss:What are these?

S1:Maybe apples or tomatoes?

T:You can touch or smell.

S2:They are tomatoes

T:Are these apples? Maybe you can taste.

S3:Yes,they are apples.

本课例中,教师充分利用实物,让学生进行"摸一摸,闻一闻,尝一尝"等活动,在活动中帮助学生学习词汇的意义。学生在语言实践活动中反复接触、理解、学习目标词汇,习得新词的语用环境及内在逻辑,实现音与义的匹配、词与篇的融合。

4. 立足主题,解析词义

教师在解读教材时需立足单元主题,分析词汇的整体特征以及学生在学习、运用词汇时的难点,并创设相应的语境,解析词汇的真正意义。教师可以尝试对教材语篇进行适当地调整和优化,在连贯的语境中不断地复现词汇,推进教学。

【课例3-4】人教版(三年级起点)五年级(上册)"Unit 6 In a nature park"教学片段

T:Boys and girls,let's enjoy a video of the Song Mountain.

(教师出示有关嵩山景区的视频,引出 nature park)

T:Guess,what's in a nature park?

S1:Maybe a hill/mountain…

T:What can you see?

S2:I can see forest…(教师创设乘坐公交车,带领大家去参观自然公园的情境。教师带领学生乘坐公交车到达站点,依次学习 forest,river,lake,mountain 和 hill)

本课例中词汇教学需立足主题,在一个真实的情境和完整的情境主线下进行教学,将单词、句子、语篇巧妙融合,真正做到"词不离句,句不离篇"从而有效地落实音、形、义、用的教学目标。上述教学片段教师创设了一条情境主线——教师带领大家乘坐公交车去旅行,课件中依次出示四个旅游站点:forest,river,lake,mountains 和 hill,乘公交车到达每一个站点。在情境中教授单词的音和形,并通过图片来教授单词的含义,并对 river,lake 和 mountains,hill 两组单词的词义,通过追问加以区分和解析,并加强学生在实际生活中正确的运用。

5.借助拼读,教授词汇

自然拼读法是指教师根据英语字母组合的发音规律和拼读技巧来进行词汇教学的行之有效的方法。利用字母或字母组合与语音之间建立对应关系,学生一旦掌握了这种方法,在遇到生词时,借助拼读规则就能做到见词能读、听音能写,经过长期的练习,从而大大提升记忆英语单词的效果。

【课例3-5】人教版(三年级起点)四年级(下册)"Unit 3 Weather"教学片段

T:Hello,everybody,I am Gaby. I'm a young lady with love and beauty. I love books, reading is my hobby. I often go to library to read stories. It's sunny. I'm happy. I love English. It's so easy!(教师唱 rap,导入话题)

T:What do you know about me?

S1:You are happy/You are a young lady/You often go to the library…

T:Look at these key words about me. What does letter "y" sound?

S2:The "y" sounds /I/.

(学生观看视频,感知 y 在单词词尾的发音规律,然后在教师的伴奏下,歌唱单词的发音 The y sounds /I/,the y sounds /I/,h,a,p,p,y,I am happy.)

T:We know the y sounds /I/,can you read this word "windy"?

(教师出示新单词 windy)

S3:w-in-dy.(学生拼读新单词 windy)

T:Wonderful. The y sounds /I/.

(教师出示 windy 的音标和图片,学生进行拼读,掌握 windy 的音、形、义)

T:Can you read these words?

(教师课件逐步出示音标/I/和新单词 snowy、cloudy、sunny、rainy)

Ss:…(学生逐步拼读新单词,进一步巩固了字母 y 在单词词尾的发音规则,结合图片,理解单词的含义)

此案例,教师通过歌唱节奏感强烈的 rap,带动课堂气氛,学生提取含有字母 y 的单词并初步整体感知字母 y 的发音规律,通过观看字母 y 的发音视频,带着韵律歌唱含有字母 y 的单词,掌握字母 y 的发音规则。在学生已掌握字母 y 发音的基础上,通过快闪课件逐步呈现含有字母 y 的新单词和图片 snowy、cloudy、sunny、rainy,学生依据已学过的 windy,明确字母 y 发音/I/,进而大胆尝试拼读目标词汇的发音,学生通过归纳、思考和尝试,不仅提升了自身的语音识别能力,还能培养分析、归类、判断能力,提升其学科核心素养。

(二)设计实践应用类活动,帮助学生内化知识,形成能力

在设计实践应用类活动时,教师应深入语篇,挖掘教材内的隐性资源,延伸情境,帮助学生自主运用与内化目标词汇,巩固结构化知识,促进知识向能力的转化。

1. 分析提炼,内化词汇

在实践应用环节,若单纯依赖语言支架,学生会陷入碎片化的表达与固定的思维误区。思维导图是用可视化的图式组织和表达知识,对知识点和思维过程进行记录。在词汇教学中,合理运用思维导图有利于学生灵活运用词汇,达成结构化思维的语用输出(郭美阳,2020)。通过思维导图让学生在感知、理解、学习词汇的基础上,进行分析、提炼、研究和内化词汇,帮助学生加工思维,突出教学重点,使知识结构化。

【课例3-6】人教版(三年级起点)四年级(下册)"Unit 5 My clothes"教学片段

(学习目标词汇之后,呈现 Read and write 部分的插图)

T:Summer camp is coming. What will Sarah pack?

Ss:T-shirt /pants/shoes…

T:If you go to the Summer camp,what other things will you take?

Ss:Slipper/hat/sunglasses…

T:What factors determine the clothes you choose?

Ss:Weather/activity/preference/place…

上述活动中,教师引导学生将词汇教学与阅读相联系,利用思维导图进行联想与想象,引导学生关注影响衣物选择的天气、活动、位置等因素,从而形成思维导图,形成一个完整的知识建构图,帮助学生直观确定重点,实现有效记忆。思维导图的提炼有助于思维从浅层走向深层,语言表达从零散走向结构化,为今后学生对生活中诸如此类的真实情境进行创造性的表达勾勒了框架。

2. 角色扮演,应用词汇

角色扮演可以增强学生记忆、理解和应用词汇的能力。创造情境让学生表演对话,学生能够应用与主题相关的词汇进行对话,这有助于学生理解词汇的实际用法,而不仅仅是记忆抽象的定义。

【课例3-7】人教版(三年级起点)四年级(上册)"Unit 5 Dinner's ready"教学片段

T: Work in groups, four students in a group. one is waiter/waitress, the others are customers. (四人一组,使用核心语言扮演在餐厅用餐的情境,学生可以点餐,交流,并支付账单)

S1:Can I help you? What would you like?

S2:I'd like some vegetables,please.

S3:I'd like some…

…

S1:OK. Twenty *yuan*,please.

角色扮演活动能够充分调动学生的积极性,鼓励学生大胆发挥想象,同时学生通过小组交流和台上表演等活动,使用核心语言与同学或教师互动。学生使用英语进行交流的过程,会潜移默化地提高他们的口语技能和学习英语的自信心。

(三)设计迁移创新类活动,帮助学生建构意义形成素养

在设计迁移创新类活动时,应超越教材语篇,引导学生探究语篇背后的内涵,体悟主题;创编新的语篇,引导学生联系生活实际,开展多角度表达,理性表达情感、态度和观点,促进能力向素养转化。

1. 创编语篇,应用词汇

词汇教学除了要掌握词汇的音、形、义之外,还要强调"用"。义教新课标在语用知识的二级要求中指出:根据具体语境的需求,初步运用所学语言,得体表达自己的情感、态度和观点。教师要努力分析目标词汇之间的联系,尽可能为学生创编或选择富有童趣且有教育意义的语篇,设计基于主题的有意义的综合语用活动,如:听音画画、说唱表演、看图说话等围绕目标语言,安排明确的目标任务。学生在丰富的语篇中尝试使用词汇表达意义,交流感情,内化新知,学生在完成任务的过程中不断提升自身的语用能力。

【课例3-8】人教版(三年级起点)四年级(下册)"Unit 4 At the farm"教学片段

T:Do you have the picking tickets?(课前创设在学校农场采摘的情境,学生通过闯关获得采摘券。欣赏教师提前录制好的示范视频)

S1:Yes.

T:Now,let's pick. First,let's enjoy a video.

T:We can make a new dialogue with your partners like them.(学生小组合作,创编新对话,教师出示核心句型和词汇来帮助学生运用新知。3分钟后,学生进行小组展示)

S1:Let's go to the farm.

S2:Wow,the farm is very beautiful. What are these?

S3:They're carrots. They're orange and healthy.

S4:I like carrots.

S1:Wow,they're so long. What are these?

S2:They're green beans. They're long and fresh.

S3:Are they delicious?

…

S1:I like them. Let's pick.

S2:Today,we have many vegetables. We are happy.

语言是思维的外显,教师要引导学生链接生活,展开丰富的想象。此环节中,教师基于教材,引导学生开展语篇创编。学生从理解知识、学习知识,走向用新知进行意义表

达,学习逐层深入,充分体现了语言学习的渐进性,挖掘了学习的深度。在真实的词汇运用过程中激活学生的思维,提高学生的词汇表达能力,促进学生思维品质的提升。

2. 评判人物,比较词汇

在此阶段,教师引导学生针对语篇背后的价值取向以及作者或者主人公的态度、观念和行为,开展推理与论证、批判与评价等活动,帮助学生比较词义、加深对主题的理解,把握事物或观点的本质,鉴别真善美,做出正确的价值判断和行为选择。

【课例3-9】人教版(三年级起点)五年级(上册)"Unit 1 What's he like?"教学片段

认真观看教材图片并讨论。

T:What do you think of Chen Jie,Mike,John and Wu Binbin?

S1:They are polite.

T:So what do they often say…?

S2:Hello. Thank you. Please…

T:Look at Sarah. What is Sarah doing?

S3:She is helping the little boy. Of course she is helpful and polite.

T:What's Zhang Peng like?

S4:He is clever and…

S5:Tom is shy,but he is clever.

T:What do you want to say if you are Oliver? (引出主题:"We have something in common,but we are different.")

在上述活动中,教师引领学生观察图片,提出问题:What is…doing? What is…like? 引导学生在分析、比较、推测与评价中思考。老师继续深挖教材,继续追问,引发学生深入思考,对本课的主题进行深入的探究,使学生明白每个人的性格各异,我们应该相互学习,互帮互助。

3. 驱动任务,落实书写

在迁移创新环节,教师应该遵循层层递进、逐层输出的原则设计形式多样的学习活动,如仿写,引导学生对所学知识进行综合性运用,从而加深他们对主题意义的理解。

【课例3-10】人教版(三年级起点)四年级(上册)"Unit 1 My classroom"教学片段

T:Look at this classroom,it's new. What's in the classroom?

S1:Fan,wall,desk,chair…

T:What colour is the fan?

S2:It's blue.

T:Where is the fan?

S3:It's on the wall.

（教师以 fan 为例,给学生做出示范。小组内仿照示范进行口头练习）

T:Everyone did a good job. Now let's think and write.（教师出示课件上的文字内容,以挖空的形式创设新的任务,让学生在会说和理解的基础上在语篇中书写核心词汇）

Look! This is our classroom. It's big and clean.

It has a blue _____. The fan is on the _____. The _____ is white and blue, the _____ is green. So beautiful!

It has many _____ and _____. They _____ brown and blue. We can study and play in the classroom.
I like our classroom.

四年级的学生要进行完整的语篇输出还是有一定难度的。在学生完成仿写任务后,教师让个别学生进行现场展示,引导学生评价其内容的准确性和书写的规范性。在操练环节,教师将本节课的新单词结合旧知和教材情境,让学生试着根据书本上的关键词来进行描述,同时,为后面的输出提供范本和支架。当学生会说之后,创设情境让学生进行有意义的书写,不仅有效落实了本节课核心词汇的书写,而且引导学生创造性地解决问题,体验综合运用,在分享和评价中促进深度学习。

总之,基于核心素养的小学英语词汇教学,不是孤立的机械的词汇罗列,而是以主题为引领、以多模态形式语篇为依托来设计高效有趣的教学活动和形式多样的检测手段,全面提高学生的语言知识,发展其语言能力,同时还能发展学生的思维品质并提升其解决问题的能力,引导学生树立正确的价值观,最终达成提升英语学科核心素养的目标。

四、小学英语词汇教学模式

基于对人教版词汇课的实践和探索,我们建构了"ALPE"词汇教学模式。此模式分为四个步骤(图3-1):

①趣引,激活主题词汇 营造生活情境;

②乐学,多种感官参与,感知音形义用;

③演练,创设多元情境,训练听说读写;

④迁创,链接生活情境,探究主题意义。

小学英语"ALPE"词汇课教学模式

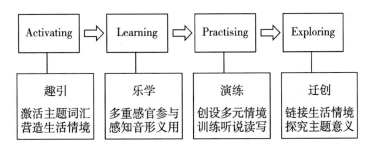

图3-1　词汇教学模式

（一）模式解读

1. Activating（趣引）

在课堂导入部分，教师营造与单元主题相关的情境，激活主题词汇。通过生动有趣的导入，迅速激活与主题相关的词汇，将学生带入与日常生活紧密相连的情境中。设计多样的活动激活主题词汇，如：播放音视频，捕捉相关信息；猜谜语，激活已知词汇和句型；开展游戏，激活思维，为接下来的新知学习做好铺垫。

2. Learning（乐学）

在学习理解环节，要充分调动学生的多重感官参与，全面感知音形义用。在乐学环节，创设丰富的语境，运用音频或借助拼读让学生读准单词发音；让学生通过观察发现单词拼读规则，突破单词拼写；借助图片、视频、图文匹配等多种媒介让学生理解词义；在语境中不断复现目标词汇，让学生在有意义的表达中理解和运用词汇，以促进他们的主动学习和深度理解。

3. Practising（演练）

在应用实践环节，创设多元情境，全面训练听说读写。演练环节注重创设多样化的语言情境，让学生在模拟真实场景的活动中进行听说读写的全面训练。通过开展角色扮演、对话练习、阅读理解等活动，帮助学生建构基于主题的结构化知识，加强学生对词汇的理解和运用，不断地内化语言，为接下来的迁移创新活动打下基础。

4. Exploring（迁创）

在迁移创新环节，教师要设计链接生活实际的情境，引领学生深入探究主题意义。学生对于主题意义的探究应是学生学习语言最重要的内容，直接影响学生对语篇理解的程度、思维发展水平和语言学习的成效。此环节通过设置基于单元主题的关键问题、提供与主题关联的绘本、开展基于学生实际情况的汇报并开展与主题关联的书写等活动，深化对主题意义的理解。同时培养他们的创新精神和批判性思维能力，使他们能够在实践中运用英语，解决实际问题。

（二）案例分享

【案例3-1】人教版（三年级起点）六年级（上册）

Unit 5　What does he do?
Let's learn　Different Jobs

1. 语篇内容

scientist　　coach　　fisherman　　pilot
A：My aunt is a scientist.
B：Where does he work?
A：He works at a university.

2. 语篇研读

What　该语篇是小学生日常对话,两位同学在职业体验日交流家人的职业,主题板报上呈现了不同的职业——科学家、教练、渔民、飞行员,他们交流了家人职业名称和工作场所等信息。

Why　语篇通过同学交流家人职业,引导学生从多方面了解不同的职业,如工作场所、工作内容等;通过评价不同的职业,为自己选择梦想职业打下基础,感知"职业无贵贱,适合自己的就是最好的"这一主题的意义。

How　该对话是小学生的日常生活对话。涉及介绍职业的词汇:fisherman,coach,pilot,scientist;涉及询问职业信息时的核心语言以及询问工作地点和上班方式等:"What does he /she do?""Where does he/she work?"及其回答。该语篇内容配图鲜艳生动,有助于学生借助图片理解单词意思。话题跟学生生活息息相关,趣味性强,情节简单,易于理解。

3. 教学目标

通过本课时学习,学生能够:

①能听、说、读、写关于职业的单词 scientist,fireman,dentist,pilot,感知和理解词汇的音、形、义、用(学习理解);

②能在情境中运用句型从职业名称、工作场所、日常活动等方面谈论不同职业(应用实践);

③对不同职业进行简单的评价(迁移创新);

④分享自己的梦想职业,简要说明原因(迁移创新)。

4. 教学流程(图3-2)

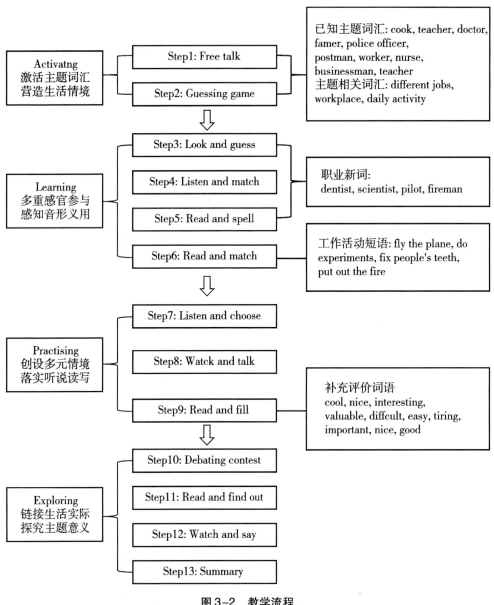

图3-2　教学流程

5. 教学过程（表3-1）

表3-1　教学过程

教学目标	教学环节	学习活动
能听、说、读、写关于职业的单词 scientist、 dentist、 pilot、fireman，感知和理解他们的音、形、义、用（学习理解）	Activating（趣引）	**Step 1：Free talk** 师生自由交流，结合自身职业，直接引出职业主题：Different jobs。 **Step 2：Guessing game** 教师说谜语，学生猜测说出对应职业的英语单词。教师趁机引出工作场所和工作活动，并板书关键词 workplace 和 daily activity。 （Guessing game） She works in a police station. She helps people. What does she do? He works in a restaurant. He cooks delicious food. What does he do?
设计意图：通过猜谜游戏激活学生已知，激发学生的学习兴趣，引导学生将职业与对应工作场所和工作活动关联起来，为本节课埋下表达主线。		
能听、说、读、写关于职业的单词 scientist、 dentist、 pilot、fireman，感知和理解他们的音、形、义、用（学习理解）	Learning（乐学）	**Step 3：Look and guess** 出示职业活动日校园展示栏图片，学生通过看图猜职业名称。教师引导学生通过工作活动、工作场所或者工作着装猜测相关职业。 T：Look at the pictures. They have different jobs. What do they do? You can guess based on the workplace，activity or clothes. S：Maybe he/she is… T：You are right! How do you know that? S：… **Step 4：Listen and match** 教师出示四个目标词汇，让学生通过听音进行词图配对。引导学生建立词形和读音之间的关联。 T：Let's listen! Which word can it be? The first sound is…? The last sound is…? **Step 5：Read and spell** 教师鼓励学生根据拼读规则，借助之前学过的相关单词作为辅助，尝试自主读单词，学生再次将读音和词形进行关联。在展示的过程中，和学生一起梳理词形对应关系，引导学生逐步独立书写词汇。

续表 3-1

教学目标	教学环节	学习活动
能听、说、读、写关于职业的单词scientist，dentist，pilot，fireman，感知和理解他们的音、形、义、用（学习理解）	Learning（乐学）	Scientist：教师先让学生读一读单词science，确定"scien"发音，再利用拼读规则读"tist"，合在一起读出 scientist。逆向引导学生通过读音协助老师完成该词汇的板书。 Dentist：通过"pen"的读音迁移"den"的读音，结合上一个词汇完成"tist"的拼读，让学生进行音形对应，选一名学生上台独立完成dentist的板书，其余学生检查正误。 Fireman：通过词汇 fire 和 postman，解决生词读音，利用双手击掌的方式，让学生体会合成词的构词法，集体书写，完成词汇的拼写。 Pilot：让学生自主尝试读单词后，直接听音频，验证读音正误，同时分解每个字母的发音，根据发音书写单词。 **Step 6：Read and match** 教师出示不同职业的工作活动，学生通过阅读将工作活动和对应工作匹配。 Read and choose Daily activities scientist D dentist C pilot B fireman A A. He fights fires and rescues people. B. He flies the plane to different places. C. She fixes people's teeth. D. He does experiment in the Lab(实验室).
设计意图：看图猜测活动旨在激活学生的已有知识经验，形成学习期待。通过音形对应、自主朗读及书写、阅读配对活动，引导学生巧用拼读技能掌握生词读音和书写，提升其自主学习能力，形成学习策略，同时在任务型活动中感知和理解词汇的音、形、义、用，为接下来的语言输出奠定基础。		
能在情境中从职业名称、工作场所和工作活动等方面谈论不同的职业（应用实践）	Practising（演练）	**Step 7：Listen and choose** Oliver 和 Binbin 讨论姑姑的职业。学生通过听音频提取对话基本信息，了解姑姑的职业名称和工作地点。 Listen and choose What questions will you ask? 1.Oliver's aunt is_____. A. a pilot　　B. a scientist C.a dentist　　D. a doctor 2.Oliver's aunt works_____. A. in a hospital　　B.in a gym C. at a post office　　D. at a university

续表 3-1

教学目标	教学环节	学习活动
能在情境中从职业名称、工作场所和工作活动等方面谈论不同的职业(应用实践)	Practising (演练)	**Step 8：Watch and talk** 同学之间交流自己感兴趣的职业。学生小组合作选择自己感兴趣的职业,至少从两个方面进行描述和交流。 Talk in pairs Speak loudly.声音洪亮. At least two aspects.至少包含两个方面. What does he/she do?　　He/She is a /an... Where does he/she work?　He/She works ... What does he/she do at work?　He/She usually ... **Step 9：Read and fill** Oliver 和同学们为自己家人的职业写说明,但是部分信息缺失。让学生阅读,根据上下文提示完成填空。
设计意图:通过听音选择、小组交流、阅读填空等活动让学生通过听、说、读、写等不同形式巩固知识,内化知识。		
对不同职业进行简单评价(迁移创新)联系自身,初步说一说自己的梦想职业,并说明原因(迁移创新)	Exploring (迁创)	**Step 10：Debating contest** 设置辩论赛活动:辩论题目——什么是最佳的职业? 学生根据教师提供的语言支架,对不同的职业进行评价,各抒己见,有理有据地发表个人观点。 DEBATING CONTEST **Which is the best job?** I think a _____ is the best job. He/She works in/on/at the_____. He/She usually_____. It is a/an_____job. **Step 11：Read and find out** 结合辩论赛结果,教师追问:Is there a best a job in the world? 学生阅读绘本,回答问题。师生在交流中明确职业有不同,却没有高低贵贱之分,适合自己的就是最好的这一理念。 **Step 12：Watch and say** 学生观看歌曲视频,思考未来可以从事哪些职业。自由表达自己的梦想职业,并简要说明理由。

续表3-1

教学目标	教学环节	学习活动
对不同职业进行简单评价(迁移创新)联系自身,初步说一说自己的梦想职业,并说明原因(迁移创新)	Exploring (迁创)	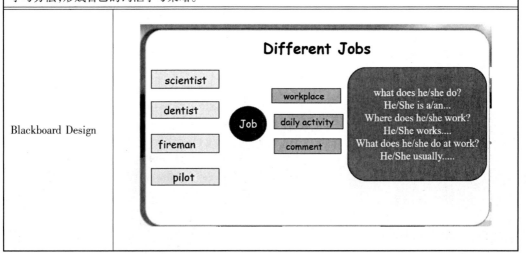 **Step 13:Summary** 教师引导学生依据板书进行课堂总结,梳理本课时主要内容。同时引导学生在阅读中积累词汇,根据构词法将词汇进行分类,将之前学过的词汇进行归类整理,完成职业类词汇银行。

设计意图:本阶段学习活动旨在帮助学生在迁移的语境中,创造性地运用所学语言。通过辩论赛活动,让学生对不同职业进行评价,有理有据地表达个人观点;借助绘本阅读加深学生对于主题意义的理解,初步形成正确的价值观;通过交流自己的职业梦想,将观念和态度落实到个人行为,实现从能力到素养的转化。归纳总结活动引导学生在新课学习后及时进行复习和梳理,养成良好的学习习惯,提升其自主学习能力。

Homework	1. 深入阅读绘本,积累更多职业类词汇。 2. 完成职业类词汇银行,通过构词法进行单词的分类。

设计意图:第一项作业是课外拓展阅读类作业。引导学生在阅读中积累词汇。
第二项作业是本课时词汇学习的巩固和延伸。通过梳理和归纳,能帮助学生在学习的过程中总结其学习方法,形成自己的词汇学习策略。

Blackboard Design	**Different Jobs** scientist dentist fireman pilot Job workplace daily activity comment what does he/she do? He/She is a/an... Where does he/she work? He/She works.... What does he/she do at work? He/She usually.....

【案例 3-2】人教版(三年级起点)四年级(下册)

Unit 4　At the farm
Let's learn　Know some animals

1. 语篇内容

> cows,horses,hens,sheep
>
> A:These are sheep.
>
> B:Wow! They're so cute!
>
> A:He works at a university.

2. 语篇研读

What　该语篇是小学生的一个日常对话,Mike 和 Sarah 来到农场参观,农场主人 Mr. MacDonald 向他们介绍农场里的动物,图片上呈现了四种不同的动物,马、奶牛、母鸡和绵羊,Mr. MacDonald 告诉 Sarah 这些是绵羊,Sarah 觉得它们很可爱。

Why　语篇通过 Sarah 和 Mr. MacDonald 交流农场里的动物,引导学生了解农场里的动物的数量和特征,培养学生对大自然和动物的喜爱。

How　该对话是小学生的日常生活对话。涉及动物词汇的复数形式:horses,cows, hens,sheep;还涉及介绍动物时的核心语言及描述动物特征的语言等:"These are…They're …"该语篇内容配图鲜艳生动,有助于学生借助图片理解单词意思。动物是学生感兴趣的话题,趣味性强,情节简单,易于理解。

3. 教学目标

通过本课时学习,学生能够:

①能听、说、读、写关于动物的单词 horses,hens,cows,sheep,感知和理解词汇的音、形、义、用(学习理解);

②能在情境中运用句型"What are these? They are…""Are these…? Yes,they are./ No,they aren't…"来询问并回答农场里的动物,并对其进行相应的描述(应用实践);

③能够设计小小农场图并用英语进行描述,同时表达自己的喜好,培养美感以及热爱大自然、热爱生活的情感(迁移创新)。

4. 教学流程(图 3-3)

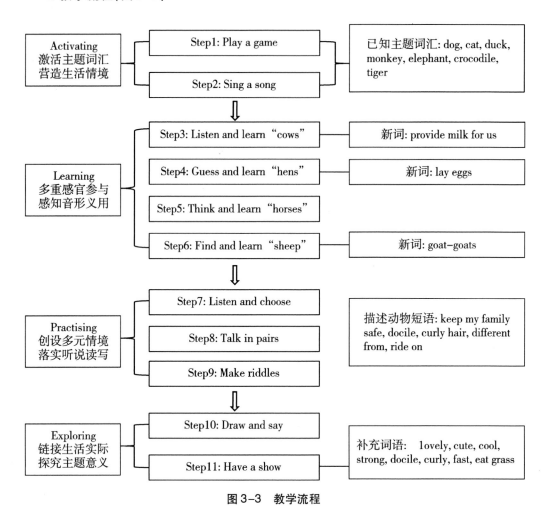

图 3-3 教学流程

5. 教学过程(表3-2)

表3-2　教学过程

教学目标	教学环节	学习活动
能听、说、读、写关于动物的单词horses, hens, cows, sheep,感知和理解词汇的音、形、义、用(学习理解)	Activating（趣引）	**Step 1:Play a game** T:I'm so happy to see you here, I have a surprise for you. Look! 学生观察老师展示的动物玩偶,介绍动物的名称,引入动物话题,复习旧知 This is a/an... **Step 2:Sing a song** 教师带领学生跟着视频齐唱英文歌 *Walking in the Jungle*,边唱边做动作。 T:Where can we see the animals? S:In the zoo/ on the farm/ in the pond/ at home... T:Today,let's go to the farm to see some animals.
设计意图:通过游戏激发学生的兴趣,激活已知的动物词汇和介绍单数动物的句型 This is a/an...,为本节课后续描述动物的复数做铺垫。有趣的歌曲有利于活跃学生的感官,在愉快的氛围中引出本课的生活情景。		
能听、说、读、写关于动物的单词horses, hens, cows, sheep,感知和理解词汇的音、形、义、用(学习理解)	Learning（乐学）	**Step 3:Listen and learn "cows"** 学生听奶牛叫声猜动物,通过叫声的音量判断并非只有一头奶牛。 T:Is that one cow? S:No. T:Look! What are these? S:They're cows. 出示很多头奶牛的图片及单词 cows,听音跟读 cows,突出 ow 在单词中的发音。 教师引导学生观察单词的单复数的变化 cow-cows,出示图片对比:This is a cow. These are cows. 教师引导学生关注奶牛能为人类提供的价值或者奶牛为什么会出现在农场上,帮助学生理解单词含义。 T:Do you like cows? Why? S:... T:They can provide milk for us.

续表 3-2

教学目标	教学环节	学习活动
能听、说、读、写关于动物的单词 horses，hens，cows，sheep，感知和理解词汇的音、形、义、用(学习理解)	Learning（乐学）	They are big. They are black and white. ___COWS___ They can provide milk for us. This is a cow. These are cows. **Step 4：Guess and learn"hens"** 学生解谜猜动物：They can cluck, cluck. They can lay eggs. What are they? 出示很多只母鸡的图片及单词 hens，听音跟读 hens，突出 en 在单词中的发音。 教师引导学生观察单词的单复数的变化 hen-hens，出示图片对比：This is a hen. These are hens. 教师引导学生观察动物的形态进而理解单词含义。 T：Hens can lay eggs，who can act like a hen? They are small. ___hens___ They can lay eggs. This is a hen. These are hens. **Step 5：Think and learn"horses"** 出示马圈和栅栏的图片，引导学生思考：There are animals，they live in this，what are they? They are horses. 出示很多匹马的图片及单词 horses，听音跟读 horses，突出 e 在单词中的发音。 教师引导学生观察单词的单复数的变化 horse-horses，重点体会单复数发音的不同，出示图片对比：This is a horse. These are horses. 教师引导学生观察动物的外貌特征进而理解单词的含义。These are horses，they are so tall and strong.

续表 3-2

教学目标	教学环节	学习活动
能听、说、读、写关于动物的单词 horses、hens、cows、sheep，感知和理解词汇的音、形、义、用(学习理解)	Learning（乐学）	**Step 6：Find and learn "sheep"** 播放 Sarah 和 Mr. MacDonald 对话音频： T：What are they talking about? T：Are these goats? S：No，they aren't. 教师出示山羊和绵羊的图片，引导学生观察对比他们之间的不同，进而能更准确地理解新词 sheep。 T：What are the differences between goats and sheep? 出示很多只绵羊的图片及单词 sheep，听音跟读 sheep，突出 ee 在单词中的发音。 教师引导学生观察单词单复数的变化 sheep-sheep，通过对比观察"That is a sheep. Those are sheep."得出 sheep 为单复数同行词。

设计意图：教师借助多媒体创设氛围，激活学生的已有知识经验，形成学习期待。在此基础上引导学生在听、猜、想、看等活动中感知和理解词汇的音、形、义、用，为后面的真实表达做铺垫。

能在情境中运用句型 What are these? They are … Are these…? Yes, they are./No, they aren't…来询问并回答农场里的动物，并对其进行相应的描述(应用实践)	Practising（演练）	Mike 和 Sarah 在和 Mr. MacDonald 讨论农场里的动物，学生通过听音频提取关键信息，了解农场里的动物的情况。 **Step 7：Listen and choose** 教师播放 Mike，Sarah 和 Mr. MacDonald 的对话，学生听对话回答问题： （1）How many horses does Mr. MacDonald have? （2）Are they hens? **Step 8：Talk in pairs** 教师出示 Mr. MacDonald 的农场图，学生两人一组对农场上的动物进行描述，引导学生尽可能多地对动物的外貌、习性、对人类的帮助等进行描述。 **Step 9：Make riddles** 教师先出示谜语让学生猜一猜，布置任务让学生小组合作创编谜语，小组之间 PK 猜一猜。谜语范例如下： I have one at home，his name is Doudou. He is very clever，he can help us to keep my family safe. When someone knocks at the door，he always"Woof，woof！"What is it? They are black and white. They are docile(温顺的). They can provide(提供) milk to us. What are those? They have curly(卷的) hair. They are cute. They are different from goats. What are those? They are tall and strong. They have long legs，and they can run fast. If you are brave，you can ride on them. What are those?

续表 3-2

教学目标	教学环节	学习活动
		设计意图:通过听音选择、小组交流、创编谜语等活动让学生在真实的情境中运用刚刚学习的语言,巩固其结构化知识,促进语言的内化,为后面的真实表达做准备。
能够设计小小农场图并用英语进行描述,同时表达自己的喜好,培养美感以及热爱大自然、热爱生活的情感(迁移创新)	Exploring (迁创)	**Step 10:Draw and say** 教师引导学生画一个属于自己的农场,把自己喜欢的动物放进农场中,同桌互相交流说一说自己的农场里面有什么。 A:This is my farm. B:It's…Are these…? A:Yes,they are. / No,they aren't. They are… **Step 11:Have a show** 选择几名学生上台展示自己设计的小小农场,并向大家介绍自己的农场中都有哪些动物以及设置这些动物的原因。其余学生听完介绍后可自由对自己进一步想了解的信息提问,如: How many … do you have? Are your farm big or small? Where do sheep live on your farm? Do you have a pond? 等等。
		设计意图:帮助学生在迁移的语境中,通过设计小小农场,创造性地运用所学语言,交流自己的农场并进行相应的描述。学生从课本走向现实生活,在描述事物、书写新词、相互交流的过程中,发展语用能力,让学生仔细观察农场的全貌,学会欣赏和爱护自己的农场。
Homework		1. 查找更多动物单词的单复数形式,通过对比尝试总结名词变复数的规则都有哪些。 2. 完善自己的小小农场,为动物添加喜欢的食物和设施等。
		设计意图:作业的布置可以延伸到课堂外,扩展学生的学习空间。上网查资料学习和自己尝试总结规律有利于培养学生的自主学习能力,为将来进一步的学习奠定基础。完善自己的小小农场,可以进一步加深学生对于主题意义的理解,培养学生热爱大自然,热爱动物的情感。
Blackboard Design		Unit4 At the farm Part B Let's learn -What are these? -They are… hens cows These/They are… horses sheep They are big/small… They can…

【案例3-3】人教版(三年级起点)五年级(上册)
Unit 4　What can you do?
Let's learn

1. 语篇内容

> What can you do?
> I can draw cartoons.
> I can do some kung fu.
> dance, do kung fu, play the pipa,
> sing English songs, draw cartoons.

2. 语篇研读

What　该语篇是 Miss White 与 Mike 之间的对话,以及同学们的各种才艺技能的图片与词汇,"Do a survey"部分是同学们的才艺技能调查表,学生在语境中学习有关文娱活动的词组,询问并回答某人能做某事。

Why　语篇通过一系列的听力活动训练学生的听力技巧,以及在语境中感知核心词汇和句型的语用和语义的能力,学生能够在情景中运用所学句型询问并回答某人能做某事,鼓励学生大胆展示自己的才能并积极参与学校的文娱活动,了解我国特有的文娱活动,传播中华文化。

How　本课是先学习关于才艺技能的核心词汇和短语 dance, sing English songs, do kung fu, draw cartoons, play the pipa 等。然后运用核心句型"What can you do for the party?""I can..."询问学生能为晚会做什么,学生踊跃参与,介绍自己的才艺技能。接着拓展部分是整理调查结果,进行汇报总结,提升语言的综合运用能力。最终学生真正学会去策划派对,解决真实问题并思考每个人在派对上的存在价值,实现知识→能力→素养的逐步转化。

3. 教学目标

通过本课的学习,学生:

①能够听、说、读、写关于才艺技能的单词与短语 dance, sing English songs, do kung fu, draw cartoons, play the pipa,感知和理解词汇的音、形、义、用(学习理解);

②在情境中,运用所学句型"What can you do? I can..."与老师和同伴交流并介绍自己的才艺技能(应用实践);

③学会询问他人的才艺技能,完成调查表,并能用句型"I/He/She/We can..."来汇报调查结果(迁移创新);

④根据每个人的才艺技能,学会策划六一儿童节活动(迁移创新)。

4. 教学流程(图3-4)

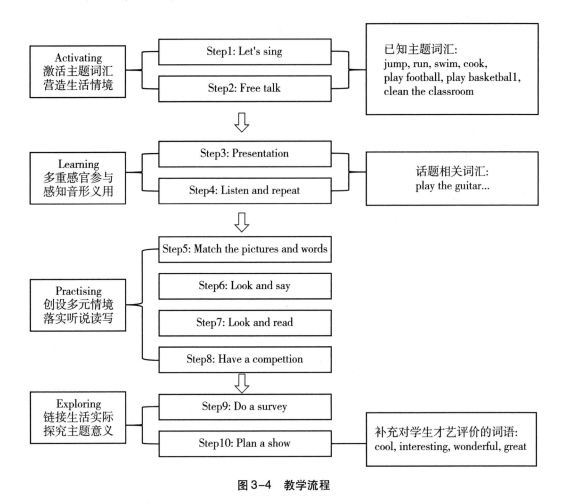

图3-4 教学流程

5. 教学过程(表3-3)

表3-3 教学过程

教学目标	教学环节	学习活动
听、说、读、写关于才艺技能的单词与短语: sing English songs, dance, draw cartoons, play the pipa,感知和理解词汇的音、形、义、用	Activating (趣引)	**Step 1:Let's sing** What,What,What can you do? I can jump,I can jump… 一起学唱契合本课主题的歌谣。 **Step 2:Free talk** 根据图片的提示进行主题交流: T:What can you do? S2:I can clean the windows. S2:I can jump. S3:I can run. … 谈论自己能做的事,复习、激活围绕本课主题的旧知。
设计意图:本阶段 Activating 环节是通过动感十足的歌谣及营造生活情境来进行师生交流,帮助学生复习已知词汇,不仅有利于活跃学生的感官,让学生在愉悦的氛围中激活主题词汇,而且为学生接下来的多元表达做铺垫。		
听、说、读、写关于才艺技能的单词与短语: sing English songs, dance, draw cartoons, play the pipa,感知和理解词汇的音、形、义、用	Learning (乐学)	**Step 3:Presentation** (1)T:Hello,everyone. I will share some videos and pictures with you. Do you want to have a look? S:Yes! 展示学生们在之前儿童节、国庆节等学校活动中演出的视频片段和照片。 T:Wow! You are so wonderful. You can do so many things. Look at Junwei! What can he do? S:He can draw cartoons. T:You're right! Do you know cartoons? Look! I can draw cartoons. **do kung fu** Read after me,please. dr-aw car-toons,draw cartoons. S:Draw cartoons.

续表 3-3

教学目标	教学环节	学习活动
听、说、读、写关于才艺技能的单词与短语：sing English songs，dance，draw cartoons，play the pipa，感知和理解词汇的音、形、义、用	Learning（乐学）	学生根据语音规则拼读单词 draw cartoons。 （2）呈现视频里学生俊伟画画的图片。 T：We know Junwei can draw cartoons. What can he draw? Look！ S：A panda！ T：Yes. What can the panda do? Let's have a look！ PPT 中呈现功夫熊猫动态卡通图片。 S：He can do kung fu. 学生根据语音规则拼读单词 do kung fu。 延续前面的视频信息，学生从已学习的新词组 draw cartoons 过渡到 a panda 的内容，并引出 do kung fu，在不知不觉中学习新知。 （3）T：Boys and girls. Let's review the words. S：Yes！ T：OK，let's do actions and say the words together. I can draw cartoons. I can do kung fu. S：No！ T：No? Then what can I do? S：Dance！ 学生跟着老师边说单词边做动作，巩固所学单词，说到 I can do kung fu 时，老师故意将武功动作换成舞蹈动作，学生发现老师说的和做的不一样，就会激动地指出老师的错误，从而引出单词 dance，学生根据语音规则拼读单词 dance。 T：Boys and girls. You did very well. Now，Let's have a challenge. Listen and tell me what they can do. 学生一起玩听声音猜动作的游戏，播放的声音有：画笔画画的声音、练武功的声音和弹奏琵琶的声音。这三种声音交叉循环播放，学生根据不同的声音回答出相应的单词，最后一次回答声音调整为琵琶声音，学生回答完后，老师提出新的问题。 T：Boys and girls. Do you like the music? S：Yeah！ T：Look，which one does the music come from? S：C. T：Yes，you're right. It's the pipa.

续表 3-3

教学目标	教学环节	学习活动
听、说、读、写关于才艺技能的单词与短语: sing English songs, dance, draw cartoons, play the pipa,感知和理解词汇的音、形、义、用	Learning（乐学）	学生根据语音规则拼读单词 play the pipa。 T:Who can play the pipa? S1:I can play the pipa. T:You're wonderful. I hope you can play for us next time. S2:I can play the Erhu. LOVE　　　ENJOY 热爱中国传统乐器　尽情欣赏美妙音乐 (4) T:There are so many Chinese traditional instruments. Hey,girl,What can you do? S3:I can play the Guzheng. … T:Very well! I hope you can love Chinese traditional instruments and enjoy the beautiful music. 通过播放琵琶音乐,学生辨别出乐器 pipa,然后根据 pipa 联系到其他中国传统乐器,引导学生喜爱中国传统乐器,并能感受中国传统乐器带来的美妙音乐。 (5) T:Hey,everybody,you are so wonderful. I'm proud of you,so I will sing an English song for all of you. S:OK! 学生倾听老师唱英语歌曲。 T:Can you sing English songs? Who can sing English songs for us? S:I can sing English songs. Students sing English songs. 学生根据语音规则拼读单词 sing English songs. **Step 4:Listen and repeat** 跟读全部核心词汇和句子。

设计意图:本阶段 Learning 环节是通过调动学生的多重感官,帮助学生感知词汇的音、形、义、用,同时通过看图猜测、音形对应、听音乐猜词等活动,借助拼读掌握读音和书写等方式,完成词汇的感知和理解,为语言输出奠定基础。

续表3-3

教学目标	教学环节	学习活动
在情境中,运用所学句型"What can you do? I can…"与老师和同伴交流并介绍自己的才艺技能(应用实践)	Practising(演练)	**Step 5:Match the pictures and words** 图词匹配。 **Step 6:Look and say** 看图说词。 **Step 7:Look and read** 看词拼读。 **Step 8:Have a competition** 比一比,20秒内谁说的句子多。 Have a competition What can you do? I can… 小组PK,20秒时间内,用I can…接龙说句子,说得多的小组获胜!

设计意图:本阶段Practising环节是通过不同形式训练学生的听说读写。Step 5是为了检验学生对词汇的掌握。Step 6是为了巩固词汇的理解和读音。Step 7是为了巩固词汇的拼读。这三个练习层层递进,帮助学生有效地整体巩固已学词汇。Step 8是创设多元情境,帮助学生操练核心句型"What can you do? I can…"这个练习通过比赛方式进行,调动学生积极性,帮助他们在巩固核心句型的同时,进一步调用脑海中的词汇信息,促进语言的内化,从学习理解过渡到应用实践,为后面的拓展活动做好铺垫。

学会询问他人的才艺技能,完成调查表,并能用句型"I/He/She/We can…"来汇报调查结果(迁移创新) 根据每个人的才艺技能,学会策划六一儿童节活动(迁移创新)	Exploring(迁创)	**Step 9:Do a survey** 六一儿童节即将来临,班级里即将组织一场儿童节英语晚会。 T:What can you do for the party? S1:I can… S2:I can… 学生先学习如何填写采访表,然后以小组为单位进行采访,并完成采访记录表,等各组都完成采访后,各小组派代表进行汇报,其余小组对汇报小组的表现作评价。

续表3-3

教学目标	教学环节	学习活动
学会询问他人的才艺技能,完成调查表,并能用句型"I/He/She/We can…"来汇报调查结果(迁移创新) 根据每个人的才艺技能,学会策划六一儿童节活动(迁移创新)	Exploring (迁创)	**Step 10:Plan a show** (1)T:How to prepare for the party? 学生以小组为单位根据刚调查出的个人才艺技能策划儿童节晚会。在策划时需要关注时间地点、节目准备、舞台展示三方面,为后续的英语晚会节目做准备。学生在策划节目中学会如何整体规划,提升做事的条理性。 (2)T:If we can't show some talents,what can we do for the party? S:I can clean the classroom. 学生积极思考自己能做的事情,明白不管自己有没有才艺,都能为晚会做很多事,即使平凡,也能在晚会中找到自己的价值。 (3)学生以小组为单位,完成儿童节英语晚会策划单,并上台展示,各小组对策划单进行互相评价。

设计意图:本阶段 Exploring 环节旨在创设真实的晚会情境,构建词句框架,让学生链接生活实际,帮助学生在迁移的语境中,创造性地运用本课构建的词汇库,交流自己的才艺技能。学生在探究主题意义的过程中,不仅学会将所学新词运用于实践,而且学会了解和尊重其他人的特长或能做的事情,真正做到知识内化和拓展迁移,落实核心素养理念,实现学科育人目标。

Homework	1. 通过上网搜索,了解更多才艺技能类单词,丰富单词银行; 2. 调查了解同学们的才艺技能,并做成图文并茂的同学录。
Blackboard Design	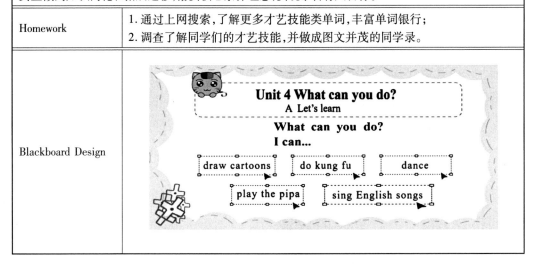

第四章　语音教学

　　语音是语言教学的重要内容之一,自然、规范的语音和语调将为有效的口语交际奠定良好的基础。同时语音也是培养听、说、读、看、写技能的基础。语音是进行语言教学和学习的基础,是学生提高听力和口语表达能力的关键,在小学生英语学习中是最重要的一门基础课程。英语的语音包括元音、辅音、重音、意群、语调与节奏等。说话者通过语音的变化表达意义和观点,反映态度、意图、情感等。

　　义教新课标在二级"语言知识"目标描述部分,对语音这一项目的描述是:借助拼读规则拼读单词;使用正确的语音、语调朗读学过的对话和短文;借助句子中单词的重读表达自己的态度与情感;感知并模仿说英语,体会意群、语调与节奏;在口头表达中做到语音基本正确,语调自然、流畅。从目标上看,小学阶段语音教学的重要任务是培养学生的语音意识。

一、小学英语语音教学定义

　　语音是语言的基本存在形式,是语言的本质,也是整个语言学习的基础。

　　语音教学是在帮助学生建立初步的语音意识和语音能力,感知字母在单词中的发音以及简单的拼读规则的基础上,教师引导学生逐步尝试借助拼读规则和音标拼读单词;模仿说英语,感知、体会英语的重音、意群、语调与节奏,逐步借助重音、意群、语调与节奏等语音方面的变化,感知和理解说话人表达的意义、意图和态度的教学组织形式。[①]

二、小学英语语音教学特点

　　学生的发音水平对其听、说、读、看、写各技能的发展都起到直接或间接的制约作用,因此,语音教学是英语教学过程中至关重要的环节。它具有以下六个特点。

(一)情境性

　　真实恰当的情境能够帮助学生正确理解语音知识。学生在具体情境中接触语音现

[①] 梅德明,王蔷.义务教育英语课程标准(2022年版)解读[M].北京:北京师范大学出版社,2022.

象,关注语音形式,结合具体语境理解语音知识的意义和用法,形成规则并运用,从而产生语音意识。

(二)准确性

准确性原则是语音教学的首要原则。教师要通过多样化的教学手段,从发音方式、发音部位等方面入手,保证学生掌握准确的发音,形成正确的发音习惯。

(三)模仿性

语音学习中,模仿练习是最基本有效的方法。教学中,教师应提供丰富地道的语音材料,通过教师的示范和现代化教学手段的融合,将抽象的语音知识可视化,初步形成语音的听觉记忆和视觉记忆。课堂上学生通过不断地试读、反复模仿、领悟发音要领和特点,寻找并发现规律。

(四)探究性

学生在感知语音知识的前提下,通过观察、发现、讨论、模仿、表达与交流等探究学习活动习得语音知识,从所学语言中发现语音规则,总结和归纳语音表达方式,理解所学语音知识的意义和用法。

(五)趣味性

为避免语音训练的乏味性,教师可以根据不同阶段学生的心理和生理特点,采用恰当的教学方式,如游戏、比赛、英语说唱、英语童谣、英语绕口令及 TPR 活动等,让学生寓学于乐;还可以借助图片、动画等教具,使语音教学趣味化。

(六)交际性

交际性原则指在语音教学中应将语音置于特定的交际语境之中,让学生体会语音的交际含义,在交际中使用学到的语音知识并掌握正确的语调、重音、节奏等,从而准确地表达自己的交际意图。

三、小学英语语音教学策略

(一)创设主题语境 感知语音模块

义教新课标强调倡导学生围绕真实情境和真实问题,激活已知,参与到指向主题意义探究的学习理解、应用实践和迁移创新等一系列相互关联、循环递进的语言学习和运用活动中。对于语音课的教学设计而言,应紧紧围绕单元主题,创编符合主题情境的语篇,带领学生进入形象的语音世界,并强调其背后的育人价值。

【课例4-1】人教版(三年级起点)四年级(上册)
"Unit 4 At the farm"中"Lead in"教学片段

本单元主题为"在农场",主题意义为"走进农场,发现、感受农场美好生活。"本板块主要基于单元主题创设情境,不再将语音课与单元整体教学割裂开,而是设置合理的情境,在复习中,依托符合单元主题的语篇,呈现语音知识。教师通过创设语言环境,让同学们进入情境中去,教师逐步引导学生们参与课堂活动,充分激活学生的词汇储备,调动他们学习的主动性和积极性。(图4-1)

T:Look, the people are singing and dancing to celebrate the Harvest Festival. Let's enjoy the song and try to sing with it.

(Ss are singing or shaking their bodies with the song.)

T:Great! Do you like it?

S:Yes!

T:What's the song about?

S:The letters sound.

T:Brilliant! Look, this is letter m, m says /m/. Letters "ar" says /ɑː/. Letter "f" says /f/. Yes, F-A-R-M make the word—farm(留给学生说).

Ss:FARM.

T:Bingo! Today we will have a new friend. Who is he? Let's listen.

S:He is York.

T:Good! Do you want to more about York? Let's listen to the chant.

图4-1 设置情境

(二)巧设语篇内容 引导自主探究

这一策略着重于教师引导学生基于语篇,通过小组合作探究,主动发现和理解发音规则,这一环节旨在帮助学生建立起对英语发音规则的初步认知,提高学生学习的主动性并促进学生对语音内容的深入理解。

【课例4-2】人教版(三年级起点)四年级(上册)
"Unit 4 At the farm"中"Listen,read and find"教学片段

本板块主要在主题引领下,以语篇为依托,感知"or"的发音。在课堂教学中,为了突出学生的主体地位,老师在呈现新知时主要通过问题引导学生进行同伴探究的方式,培养学生自主发现、自主探索新知的能力。本课活动是老师引领学生视听后,注意到含有"or"的单词,让孩子们通过小组合作的方式思考与探究"or"在单词中的发音。

T:What can you find?

S:They all have the letters "or".

T:Do you agree?

S:Yes!

T:Please try to read the chant with your partner,and find out how to pronounce "or".

T:Which group wants to share your answer?

Ss:"or" says /ɔː/.

T:Can you read the chant?

Ss read the chant.

T:So,"or" says…?

S:"or" says /ɔː/.

(三)关注发音技巧,强调发音指导

学生自主探究过发音规则之后,教师利用丰富的多媒体资源,如图片、视频等,展示字母或字母组合的规范发音。例如,教授长元音时,可以让学生观察元音字母的位置以及其发音时的舌位和口型,从而帮助他们理解长元音的发音规律,同时,要对学生的发音情况进行及时的反馈和指导。

【课例4-3】人教版(三年级起点)四年级(上册)
"Unit 4 At the farm"中"Listen and imitate"教学片段

学生通过小组合作发现"or"的发音后,教师用标准的舌位图和标准的真人发音来正音。在学生练习模仿正规发音前,指导学生注意发音口型,通过分解口型与发音位置变化,让学生感受纯正的字母组合发音,确保以后输出语音的准确性。

本板块主要学习字母组合"or"的发音。教学中,教师借助视频中的真人示范发音,引领学生注重口型并进行模仿跟读,互相纠音。(图4-2)

图4-2　真人示范发音

(四)设计梯度练习,重视拼读体验

这一策略强调在学生理解发音技巧的基础上,教师应设计一系列的梯度练习活动,从简单到复杂、从易到难地逐步引导学生进行发音练习,并注重他们的学习体验。例如,从简单的单词开始,逐渐过渡到复杂的句子,使学生做到见词能读、听音能写,让学生在不断的练习中掌握发音规则,提高其音素意识。同时,教师还可以通过及时的反馈和鼓励来增强学生的信心,注重学生的语音学习体验,以此提高其学习积极性。练习活动层层递进,从拼读—拼写—听写,实现见词能读,听音能写。

【课例4-4】本课教学"er"发音后,引导学生进行发音练习,做出归纳后再进行拼读练习,使学生建立音、形联系,逐步提高学生见词能读,听音能写的能力

Task1:Pair work

Try to spell these words. (小组活动:拼读单词)

Task 2:Pair work

Try to spell more words with"er",3 mins for you.

(与同伴一起找出更多包含er的单词吧! 字母可以重复使用!)

Task 3:Listen and write

见图4-3。

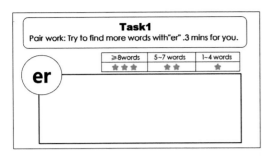

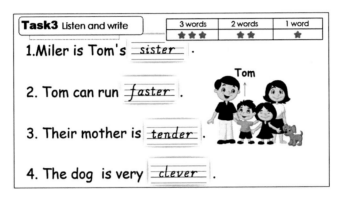

图4-3　梯度练习

通过分层级的课堂练习活动使学生循序渐进地进行操练,以分组活动展示的方式提升学生学习的积极性,在"学中用,用中学"。

(五)依托语篇内容,内化语音知识

义教新课标指出,语音和语义密不可分,语言依靠语音实现其社会交际功能。语音是语言的物质外壳,语音学习的目的是使学生掌握基本的拼读规则,并运用其精准地表达意义和观点,通过语音来反映说话人的态度、意图、情感等,所以在语音教学中,应把语音知识渗透到对文本的理解中,在文本朗读中实现文字从"形"到"义"的转化,同时,在文本中内化语音知识,达到语音知识的情境化。所以,语音课的教学要突出语音学习和文本理解的相互融合,实现语音学习的迁移,形成对学生核心素养的培养作用。

为了把所学知识广泛地运用和延伸,教师可设置符合主题的绘本故事阅读拓展活动,比如"retell",既可以在不脱离语境的情况下融合碎片的语音知识,又可以让学生在故事情境中理解语篇传递的意义。

以【课例4-4】为例,教师在最后产出环节通过阅读新的绘本故事来考查学生对本课语音知识的应用能力,在最后进行阅读拓展活动"Retell the story"。让学生通过自主探究找到文中含有"er"的词,然后通过复述活动让这些词语再次回归到句子中,实现学生对"音—形—义"的理解与掌握,通过循环活动发展学生的核心素养。(图4-4)

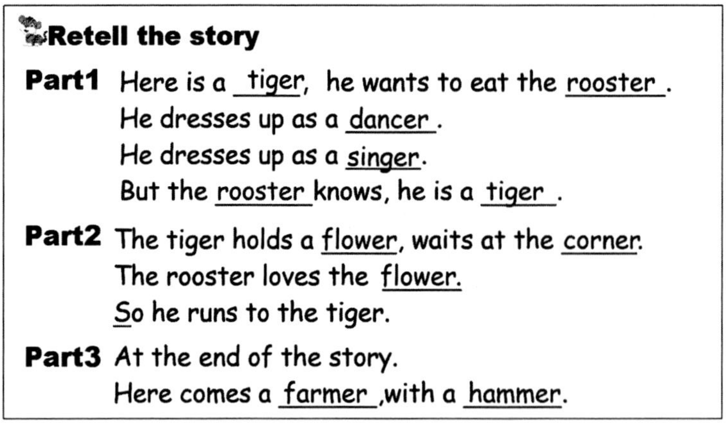

Retell the story
Part1 Here is a tiger, he wants to eat the rooster.
He dresses up as a dancer.
He dresses up as a singer.
But the rooster knows, he is a tiger.
Part2 The tiger holds a flower, waits at the corner.
The rooster loves the flower.
So he runs to the tiger.
Part3 At the end of the story.
Here comes a farmer, with a hammer.

图 4-4 阅读拓展

四、小学英语语音教学模式

(一) 模式解读

语音教学是小学英语课程中非常重要的一部分,规范的语音能让学生准确进行发音和表达。为了践行新课标的“学为中心”理念,鼓励学生积极主动参与语音知识的探究过程,从而提高课堂上学生对于语音知识内化的效率,我们总结出了小学英语“MAGIC”魔法语音教学模式,即 Motivation 激活导入,Attention 关注发现,Gain 获得新知,Innovation 创新运用,Comment 评价展示。(图 4-5)

Motivation
激活导入
Attention
关注发现
Gain
获得新知
Innovation
创新运用
Comment
评价展示
语篇激活
语境感知
词汇聚焦
学为中心
主动参与
探究学习
视频演示
发音模仿
练习巩固
内化规则
灵活运用
准确表达
自主拼读
深入阅读
展示互评

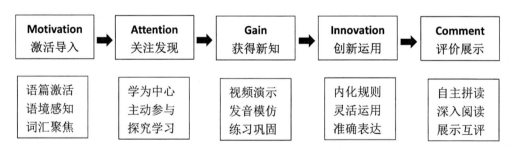

图 4-5 “MAGIC”魔法语音教学模式

1. Motivation 激活导入

语音教学要通过语篇激活,使学生在真实的语境中感知目标语音并理解语篇的主题意义。在这一环节中,学生不仅能够聚焦目标词汇,还能够促进他们对后续目标词汇的理解和应用。

2. Attention 关注发现

在这一环节中下,教师的角色转变为引导者和促进者。学生通过自主探究活动,主动去观察、分析目标词汇,并根据词形和发音找出语言的内在规律。

3. Gain 获得新知

在获得新知环节,教师引导学生从词形特征到发音规则进行自主探索,并通过视频演示验证探究结果从而获得语音知识。教师通过视频演示和亲身示范的方式向学生展示出清晰准确的发音,学生在进行发音模仿时需关注口型、舌头位置、发音部位等,并在反复模仿中感受发音要领。

4. Innovation 创新运用

发音规则能帮助学生更好地实现自主阅读,在此环节,学生利用学习到的发音规则进行新语篇的阅读,实现可理解性阅读,并根据对语篇的理解进行复述,创造性地运用所学语音知识。

5. Comment 评价展示

采用多种活动使学生在实践运用中内化发音规则,让学生输出语言,如拼读单词、运用包含目标发音的词汇进行情景图片描述、听音写词等,内化语音知识。该环节旨在以应用实践为载体评价学生的语音掌握程度,展示语音学习成果。

(二)案例分享

【案例4-1】人教版(三年级起点)四年级(下册)
Unit 1   My School
Let's spell   er 字母组合发音

1. 语篇内容

> This is Miler.
>
> She has a brother.
>
> Her mother is a teacher.
>
> Her father is a driver.
>
> They all like water.

2. 语篇研读

What   本课语篇为一首 Chant(歌谣),以 Miler 的家庭为背景,介绍了 Miler 的家庭成员、职业及爱好。语篇通过 Miler,father,mother,brother,teacher,driver,water 7 个包含 er 字母组合的词汇学习 er 字母组合发音。

Why 语篇通过 Miler 的家庭介绍,以问题的形式引导学生关注 7 个包含字母组合 er 的词汇,让学生自主观察探究词形特征,探索发音规则。

How 本课通过主语篇中的 7 个包含目标发音的词汇 Miler,father,mother,brother,teacher,driver,water,引导学生自主发现探究 er 的位置及发音特征,通过难度层层递进的活动内化语音知识,发展其拼读能力。

3. 教学目标(语言表达)

通过本课的学习,学生:

①能够通过听读篇章发音,观察例词结构中共有的特征,学习 er 的发音规则(学习理解);

②在教师和同伴的帮助下,自主拼读包含 er 的单词并挑战拼读游戏,实现见词能读,听音能写。并会对其中的语言、行为以及同伴的表现进行多角度评价(应用实践);

③能够根据所学发音规则,准确地阅读相关绘本,并运用包含字母组合 er 的词汇进行图片描述(迁移创新)。

4. 教学流程(图 4-6)

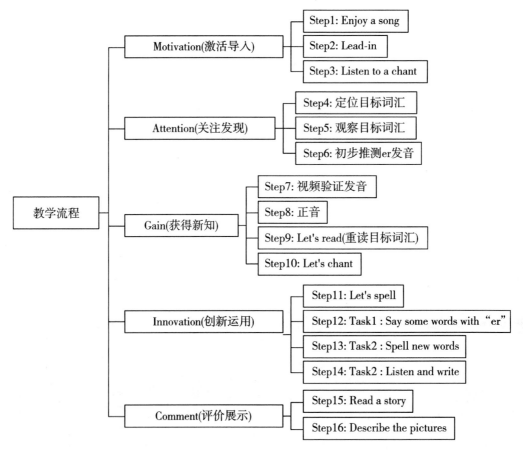

图 4-6 教学流程

5.教学过程(表4-1)

表4-1 教学过程

教学目标	教学环节	学习活动
能够通过听读篇章发音,观察例词结构中共有的特征,学习 er 的发音规则(学习理解)	Motivation(激活导入)	**Step 1:Enjoy a song** 学生通过观看26个英文字母的发音视频,复习字母发音并迅速感知本节课内容与发音有关。 (在歌曲之后,教师可以以快速问答的形式提问部分字母的发音,并根据学生的情况判断学生对字母发音的掌握程度) **Step 2:Lead-in** 学生通过认识新朋友 Miler,进入语篇。 This is Miler. She has a brother. Her mother is a teacher. Her father is a driver. They all like water. **Step 3:Listen to a chant** 学生通过听,初步感知语篇。
设计意图:本阶段为 Motivation 激活导入环节,旨在让学生运用26个字母的发音音频复习旧知,并且引导学生关注语音。		
能够通过听读篇章发音,观察例词结构中共有的特征,学习 er 的发音规则(学习理解)	Attention(关注发现)	**Step 4:定位目标词汇** 学生通过回答问题: Who is the girl? Who is the man? Who is the woman? Who is the boy? What does Miler's mother do? What does Miler's father do? What do they like? 关注目标词汇 Miler, father, mother, brother, teacher, driver,water。 🐾 **Know a new friend**　　What's in common(共同点)? This is Miler. She has a brother. Her mother is a teacher. Her father is a driver. They all like water.

续表4-1

教学目标	教学环节	学习活动
能够通过听读篇章发音,观察例词结构中共有的特征,学习er的发音规则(学习理解)	Attention(关注发现)	**Step 5:观察目标词汇** 在教师的引导下,学生观察目标词汇 Miler,father,mother,brother,teacher,driver,water,并从词形上发现词汇的共同之处——每个词汇都包含字母组合er,并且都放在句尾。 **Step 6:初步推测er发音** 根据感知的语篇,学生初步推测目标字母组合的发音。 (教师可以请2~3个学生进行发音分享,但不直接反馈正误)

设计意图:本阶段为Attention关注发现环节,旨在通过语篇呈现,以问题形式引导学生关注目标词汇、总结词形特征、感知发音规则。

教学目标	教学环节	学习活动
能够通过听读篇章发音,观察例词结构中共有的特征,学习er的发音规则(学习理解)	Gain(获得新知)	**Step 7:视频验证发音** 学生通过观看发音视频,自行对比自己所感知到的发音与标准发音是否一致,并在此过程中进行发音校正。  **Step 8:正音** 学生根据教师亲身示范,再次校对发音,并通过自行模仿、小组互练多次练习发音,形成肌肉记忆。 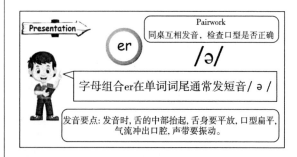 (教师要着重强调发音口型及发音长短。并在学生练习发音时及时给出反馈)

续表 4-1

教学目标	教学环节	学习活动
能够通过听读篇章发音,观察例词结构中共有的特征,学习 er 的发音规则(学习理解)	Gain(获得新知)	**Step 9:Let's read**(重读目标词汇) 学生在掌握 er 字母组合的发音要领后重读目标词汇,有意识地将 er 字母组合的发音在单词中体现出来。 **Step 10:Let's chant** 学生尝试进行语篇 Chant,内化语音规则。

设计意图:本阶段 Gain 获得新知环节,旨在让学生初步感知发音之后,通过视频验音、教师正音、同伴互评的方式,内化语音知识,获得新知。

在教师和同伴的帮助下,自主拼读包含 er 的单词并挑战拼读游戏,实现见词能读,听音能写。并会对其中的语言、行为以及同伴的表现进行多角度评价(应用实践)	Innovation(创新运用)	**Step 11:Let's spell** 学生在教师的引导下,学习拼读单词(ruler,under) er ler ruler **Step 12:Task1 Say some words with"er"** 学生调动已知,将自己知道的包含 er 的单词进行分享。 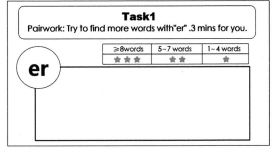 (小组活动完成后,教师邀请部分小组进行验证,两个词一组。对于学生的发音问题,教师要及时纠正)

续表4-1

教学目标	教学环节	学习活动
在教师和同伴的帮助下,自主拼读包含 er 的单词并挑战拼读游戏,实现见词能读,听音能写。并会对其中的语言、行为以及同伴的表现进行多角度评价(应用实践)	Innovation (创新运用)	**Step 13:Task2 Spell new words** 学生快速拼读单词,同桌互助,共同读单词,读完快速坐好,分组展示。 Task2 Pairwork: Try to spell these words.(小组活动: 拼读单词) 7~8 words ★★★　5~6 words ★★　1~4 words ★ river　water　finger　duster after　sever　member　burger (小组活动完成后,教师邀请部分小组进行验证,两个词一组。对于学生的发音问题,教师要及时纠正) **Step 14:Task3 Listen and write** 学生根据句子录音,在练习单上补全句子中缺少的单词。 Task3 Listen and write 3 words ★★★　2 words ★★　1 word ★ 1.Miler is Tom's _sister_ . 2. Tom can run _faster_ . 3. Their mother is _tender_ . Tom 4. The dog is very _clever_ . (第一句可作为例子,教师带领学生共同完成,另外三句由学生在练习单上独自完成,完成后统一验证答案)
设计意图:本阶段为 Innovation 创新运用环节,旨在让学生在掌握语音知识之后,运用所掌握的语音知识实现见词能读、听音能写的能力。		
能够根据所学的发音规则,准确地阅读相关绘本,并运用包含字母组合 er 的词汇进行图片描述(迁移创新)	Comment (评价展示)	**Step 15:Read a story** 绘本阅读 *The Tiger and the Rooster* 学生自读绘本,找出所有包含 er 的词,并读出词汇。 (tiger,rooster,dancer,singer,flower,corner,danger,farmer,hammer) 学生与教师一起进行绘本阅读。

续表4-1

教学目标	教学环节	学习活动
能够根据所学的发音规则,准确地阅读相关绘本,并运用包含字母组合 er 的词汇进行图片描述(迁移创新)	Comment (评价展示)	学生根据喜好选择喜欢的片段进行阅读展示。 **Let's read** **Part1** 1.Read loudly and correctly (声音洪亮，发音准确) 2.Read fluently (朗读流利) 3.Read with emotions (富有感情) A tiger wants to eat a rooster. The tiger dresses up as a rooster dancer. The tiger dresses up as a rooster singer. But the rooster knows it is the tiger. **Let's read** **Part2** 1.Read loudly and correctly (声音洪亮，发音准确) 2.Read fluently (朗读流利) 3.Read with emotions (富有感情) The tiger holds on a beautiful flower and waits at a corner. The rooster loves the flower. So he runs to the tiger. The rooster is in danger. **Let's read** **Part3** 1.Read loudly and correctly (声音洪亮，发音准确) 2.Read fluently (朗读流利) 3.Read with emotions (富有感情) ...but what's wrong with the tiger. Oh! Here comes the farmer with a hammer! 绘本内容复述。 **Retell the story** **Part1** Here is a _tiger_, he wants to eat the _rooster_. He dresses up as a _dancer_. He dresses up as a _singer_. But the _rooster_ knows, he is a _tiger_. **Part2** The tiger holds a _flower_, and waits at the _corner_. The rooster loves the_flower_. So he runs to the tiger. **Part3** At the end of the story. Here comes a _farmer_, with a _hammer_.

续表4-1

教学目标	教学环节	学习活动
能够根据所学的发音规则,准确地阅读相关绘本,并运用包含字母组合 er 的词汇进行图片描述(迁移创新)	Comment (评价展示)	**Step 16:Describe the pictures** 学生两人一组,根据 Miler 的家庭照片选择一幅图片进行描述,要尽可能多地用上包含 er 的单词。再进行分享展示与同伴互评。 图片解析: 图1:Miler 的妈妈(mother)在厨房里做晚饭(dinner)。 图2:餐桌上有汉堡(hamburger)和水(water)。 图3:现在是冬天(winter)

设计意图:本阶段为 Comment 评价展示环节,旨在让学生在掌握发音之后,跳出所给语篇,运用语音知识自主阅读绘本,并通过图片描述将语音知识运用到实际情境中去,真正实现语音知识的灵活运用。

Homework	1. Tell the story to your friends after class. 2. Find more words with "er". And try to read them.

Blackboard Design	

【案例4-2】人教版（三年级起点）五年级（下册）

Unit 3　My school calender　Part A

Let's spell

1.语篇内容

（1）包含字母组合 ch 的语篇

My name is Cherry.

I'm from China.

My birthday is in March.

My parents are teachers.

I like playing chess.

I like chicken and chips.

（2）包含字母组合 sh 的语篇

On Mother's Day，Dad and I do some special things for Mom. I brush shoes for her. I go shopping and buy her some shells. Dad cooks a meal，fish，steaks and shrimps. We hope she is happy all the time.

2.语篇研读

What　本课语篇内容为 Cherry 的个人信息及她在母亲节那天为妈妈所做的有意义的事情，语音内容围绕字母组合 ch 和 sh 的发音/tʃ/和/ʃ/展开。语篇一通过 Cherry，China，March，teachers，chess，chicken，chips 的呈现学习 ch 在单词中的发音规律；语篇二通过 brush，shoes，shopping，shells，fish，shrimps 的呈现学习 sh 在单词中的发音规律。

Why　语篇通过难易适中的活动引导学生掌握并运用语音学习策略。语篇借助主人公 Cherry 的个人信息及母亲节的活动呈现 ch 和 sh 语音例词，让学生在观察、听音模仿，在朗读中感知 ch 和 sh 在例词中的发音，体会例词在音、义、形上的关联。同时，引导孩子关爱父母，常怀感恩之心。

How　本课的语篇共呈现了 13 个语音单词。ch 组合在例词 Cherry，China，March，teachers，chess，chicken，chips 中，分别位于词首、词中、词尾。通过观察和拆音能发现 ch 在单词的发音规律/tʃ/。sh 组合在例词 brush，shoes，shopping，shells，fish，shrimps 分别位于词首和词尾，同样通过拆音、拼音等活动能发现 sh 在单词的发音规律/ʃ/。活动层层递进，从单词、意义词组、意义句子，引导学生在单个词、词组和句型中发现并实践强化 ch 和 sh 在单词中的发音规则，巩固并正确运用本课所学语音知识。

3.教学目标

通过本课学习，学生能够：

①通过听读语篇，观察例词结构中共有的特征，学习 ch/sh 的发音规则；根据 ch/sh

的发音规则读出生词;能够按照 ch/sh 的发音规则拼写单词(学习理解);

②在教师和同伴的帮助下,自主拼读相关单词并挑战拼读游戏,并会对其中的语言、行为以及同伴的表现进行多角度评价(应用实践);

③能够根据所学发音规则,准确地阅读相关绘本,并总结规律,对词汇进行正确分类(迁移创新)。

4. 教学流程(图 4-7)

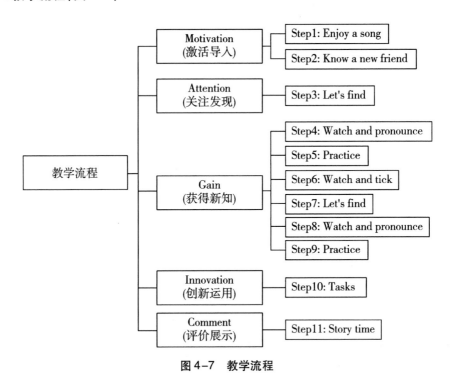

图 4-7 教学流程

5. 教学过程(表4-2)

表4-2　教学过程

教学目标	教学环节	学习活动
学生能够通过听读语篇的发音,观察例词结构中共有的特征,学习 ch/sh 的发音规则;能够根据 ch/sh 的发音规则拼读出生词(学习理解)	Motivation（激活导入）	**Step 1：Enjoy a song** (学生听与字母组合 ch 相关的儿歌,引出本节课第一个目标语音) Q：What letters do you see in this song? **Step 2：Know a new friend** (学生通过听一段 chant 来了解新朋友 Cherry 的个人信息,且文本旁给予图片引导) Chant： My name is Cherry. I'm from China. My birthday is in March. My parents are teachers. I like playing chess. I like chicken and chips. Q1：Where is she from? Q2：When is her birthday? Q3：What do her parents do? Q4：What's her hobby? Q5：What food does she like? (教师根据学生回答问题的情况判断学生复现主要信息的能力,若有困难可引导孩子参照图片进行回忆)
设计意图:本阶段 Motivation 环节,旨在帮助学生在语境中感知目标字母组合的发音并借助图片理解文本内容。		
学生能够通过听读语篇的发音,观察例词结构中共有的特征,学习 ch/sh 的发音规则;能够根据 ch/sh 的发音规则拼读出生词(学习理解)	Attention（关注发现）	**Step 3：Let's find** (学生通过对比 chant 文本中标红的词来感知并发现例词的相同点) China,March,teacher,chess,chicken,chips Q：What do these words have in common(共同点)? (将目标字母组合标红,学生会很容易发现这些单词均含有字母组合 ch)

续表4-2

教学目标	教学环节	学习活动
学生能够通过听读语篇的发音,观察例词结构中共有的特征,学习 ch/sh 的发音规则;能够根据 ch/sh 的发音规则拼读出生词(学习理解)	Gain(获得新知)	**Step 4:Watch and pronounce** (学生根据视频中 ch 的标准发音进行模仿,注意口型和舌头的位置) Q:What sound does "ch" make? Tips:Raise your tongue up and make your lips round. (1)舌尖舌端抬起贴住上齿龈后部,形成阻碍,气流冲破这个阻碍后,舌和齿龈之间仍保持一个狭缝,发出摩擦的声音。 (2)发音时声带不振动。(教师及时地进行正确的示范,如有学生对 ch 的发音和中文"chi"的发音混淆的,需提醒 ch 发音时声带不振动) **Step 5:Practice** (学生通过多种方式练习字母组合 ch 在单词中的发音) (1)Let's blend children,chair,chat (2)Let's spell Pair work:同桌两人轮流读词,并相互检查是否正确。 kitchen,chair,chop,chopsticks,March,which,cheap,cheese 练习单: (其中 chopsticks 稍难,教师可根据学生的情况进行相应的指导,如进行音节拆分并引导孩子根据所学拼读规则尝试拼读)

续表 4-2

教学目标	教学环节	学习活动
学生能够通过听读语篇的发音,观察例词结构中共有的特征,学习 ch/sh 的发音规则;能够根据 ch/sh 的发音规则拼读出生词(学习理解)	Gain (获得新知)	**Step 6:Watch and tick** (看视频,找出 Cherry 和爸爸在母亲节那天为妈妈所做的事) Q:Mother's Day just passed. What do Cherry and her father do for Mom? 视频内容:On Mother's Day, Dad and I do some special things for Mom. I brush shoes for her. I go shopping and buy her some shells. Dad cooks a meal, fish, steaks and shrimps. We hope she is happy all the time. brush the shoes buy some shells make a card go shopping cook some fish and shrimps write a letter 练习单: Mother's Day just passed. **What do Cherry and her father do for Mom?** ☐ A. brush the shoes　　☐ B. buy some shells ☐ C. make a card　　　　☐ D. go shopping ☐ E. cook some fish and shrimp　　☐ F. write a letter (教师巡视观察学生练习单的情况,学生观看视频后若不能准确找出所有正确选项,可带领学生再次观看) **Step 7:Let's find** brush,shoes,shopping,shell,fish,shrimp (学生找出所给词汇的共同点,引出本节课第二个重点字母组合 sh) Q:What do these words have in common? (将目标字母组合标红,学生会很容易发现这些单词均含有字母组合 sh) **Step 8:Watch and pronounce** (学生根据标准视频中 sh 的发音进行模仿,注意口型和舌头位置) Q:What sound does "sh" make? (教师及时地进行正确的示范,如有学生对 sh 的发音和中文"shi"的发音混淆,需提醒 sh 发音时声带不振动)

续表4-2

教学目标	教学环节	学习活动
学生能够通过听读语篇的发音,观察例词结构中共有的特征,学习 ch/sh 的发音规则;能够根据 ch/sh 的发音规则拼读出生词(学习理解)	Gain (获得新知)	**Step 9:Practice** (学生通过多种方式练习字母组合 sh 在单词中的发音) (1)Let's blend ship,shy,wash,dish (2)Let's spell ship,shop,shoes,shell,shape,English,shout 练习单: (其中 shape,shout 稍难,教师可根据学生的情况进行相应的指导,如进行音节拆分并引导孩子根据所学拼读规则尝试拼读)
设计意图:在这一环节中,学生在理解语篇内容的基础上,学习音、形规律。学生在教师的指导下通过阅读、发现、选择、听音、观看视频、游戏互动,从感知到尝试拼读再到自主拼读和有效阅读,使语言思维得到有效发展,同时在任务完成的过程中主动完成价值观的渗透。		
学生在教师和同伴的帮助下,自主拼读相关单词并挑战拼读游戏,锻炼学生见词能读、听音能拼的能力(应用实践)	Innovation (创新运用)	**Step 10:Tasks** Task 1:Spell the words Rules:女生朗读包含"ch"的单词;男生朗读包含"sh"的单词。 (老师提醒学生朗读时需起立,以更清楚地判断有没有出错,若出现朗读错误,可让学生单独朗读目标词) Task 2:Listen and write (学生通过音频内容补全单词,完成 Cherry 在父亲节那天的计划) Father's Day is coming. Cherry wants to do something for Dad.

续表 4-2

教学目标	教学环节	学习活动
学生在教师和同伴的帮助下,自主拼读相关单词并挑战拼读游戏,锻炼学生见词能读、听音能拼的能力(应用实践)	Innovation (创新运用)	These are her plans: ①I will buy him a _____irt and _____orts. ②We will go on a picnic on the farm and eat some _____ and _____cken there. ③We can see many _____eep. 情感渗透:Love our parents and be a grateful person. 练习单: Father's Day is coming. Cherry wants to do something for Dad. These are her plans: 1. I will buy him a ___irt and ___orts . 2. We will go on a picnic on the farm and eat some____ and ___cken there. 3. We can see many ___eep. (教师巡视观察学生的完成情况,若完成得不够好,可多次播放音频内容。学生完成后,教师选择典型的错误书写,投屏进行展示和评价,然后进行生生互评,并及时修改) Task 3:Choose, write and say (学生使用所给词汇描述图片内容) 练习单: The teacher / chicken / fish / shirt is short. / fresh. / cheap. / nice. SUPERMARKET ①The teacher is nice. ②_____ ③_____ ④_____ (学生完成此练习时需仔细观察图片,根据图片提供的信息完成句子,句子的表达需完全符合图片内容)

设计意图:本阶段学习活动引导学生在归纳整理核心语言的基础上,通过创设情境、游戏,让每位学生都能有效参与拼读,并能够举一反三,从学习理解过渡到应用实践,能够根据日常生活实际进行交流分享,并自然渗透情感教育。

续表4-2

教学目标	教学环节	学习活动
学生能够阅读相关绘本,并从词的音和形发现规律,做到自主阅读和有效迁移(迁移创新)	Comment (评价展示)	**Step 11:Story time** (学生自读绘本,圈出绘本中包含 ch 和 sh 发音的单词,并根据不同发音,将黑板上的单词分类) 绘本内容如下: 封面: Charles is from China. He is eating lunch in the kitchen now. "Fish and chicken are my favorites. Don't touch. I'll eat them all!"

续表 4-2

教学目标	教学环节	学习活动
学生能够阅读相关绘本,并从词的音和形发现规律,做到自主阅读和有效迁移(迁移创新)	Comment（评价展示）	"Charles,share the food with your brother." "Why should I share?" "Charles,you can share a bench in the park,so more people can sit on the bench." said Mom. "You can share your brush, so you can draw a picture with your friend."said Mom.

续表 4-2

教学目标	教学环节	学习活动
学生能够阅读相关绘本,并从词的音和形发现规律,做到自主阅读和有效迁移(迁移创新)	Comment （评价展示）	 "But they don't give anything to me." "Well,you can also get something." "Share, then they will show smile to you. How great! Charles!" said Mom. "Share,then your heart will be rich." said Mom. "Such a great thing! I'll share!" Cheers Charles.

续表 4-2

教学目标	教学环节	学习活动
学生能够阅读相关绘本,并从词的音和形发现规律,做到自主阅读和有效迁移(迁移创新)	Comment（评价展示）	Tasks 1： ①Read the story by yourselves； ②Try to circle the words with "ch" and "sh"； ③Find the words on the blackboard and put them in the right places. (教师提前将绘本中涉及的单词乱序粘贴于黑板上,孩子阅读绘本并完成圈画后,教师挑选学生到讲台上把包含"ch"和"sh"的单词进行分类) Tasks 2：Read the story together. (学生在教师带领下齐读绘本) (遇到包含目标发音的单词时,教师停顿留给学生进行朗读,并及时反馈) 情感渗透：Be happy to share and be a friendly person.

设计意图:本阶段活动旨在帮助学生在迁移的语境中,创造性地运用所学语言,交流阅读。学生从课本走向有效阅读,在探索和动手解决问题的过程中发展语用能力,最终形成爱阅读的良好习惯。

Homework	1. Father's Day is coming. Make a plan and do some special things for your dad：try to use the words with "ch" and "sh". 2. Read the picture book：Charlie's Paintbrush. Pay attention to the words with "ch" and "sh".
Blackboard Design	

【案例4-3】人教版(三年级起点)四年级(下册)

Unit 4　At the Farm
Let's spell　or 字母组合在单词中的发音

1. 语篇内容

At the farm	At the farm
I am York.	I'm York's brother.
I'm forty years old.	My name is Worf.
I can ride a horse.	I like worms.
I like to play sports	I want to see the world.
with my brother.	So I work very hard.

2. 语篇研读

What　本语篇内容是农场主 York 和 Worf 自己对自己的介绍,他们通过介绍自己的身份与爱好,展示了他们有趣的生活与工作理念。

Why　语篇通过 York 和 Worf 的个人介绍,帮助学生关注和学习字母 or 在单词中的发音,同时引导学生辨析字母 or 的两种不同发音及变化规则。同时引导学生热爱学习工作和生活,并让学生对普通的农场生活有了新认知。

How　本语篇分为两部分:第一部分是 York 的自我介绍,通过对名称、特长和爱好的介绍,引出含有字母组合 or 的四个单词,分别是:York,forty,horse,sport,呈现字母 or 的第一种发音/ɔː/。语篇第二部分为 York 弟弟 Worf 的自我介绍,通过对于名称、爱好和工作态度的介绍,引出含有字母组合 or 的四个单词,分别是 Worf,worm,world,work,呈现字母 or 在 w 后的发音变化,也就是 or 字母组合的第二种发音/ɜː/。

3. 教学目标

通过本课的学习,学生:

①通过听读语篇发现并掌握字母组合 or 的发音规则,能够有节奏和有感情地模仿歌谣,发音清晰流畅(学习理解);

②能够看词拼读或听音拼写含有字母 or 的词汇并根据拼写和发音对词汇进行分类(应用实践);

③能够运用所学的语音知识描述图片并阅读相关绘本(迁移创新)。

4. 教学流程(图 4-8)

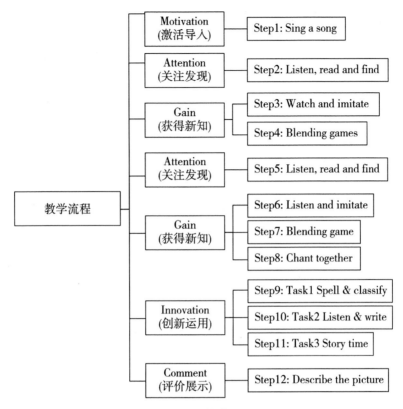

图 4-8 教学流程

5.教学过程(表4-3)

表4-3 教学过程

教学目标	教学环节	学习活动
通过听读语篇发现并掌握字母组合 or 的发音规则,能够有节奏和有感情地模仿歌谣,发音要清晰流畅(学习理解)	Motivation (激活导入)	**Step 1:Sing a song** T:Look,the people are singing and dancing to celebrate the Harvest Festival. Let's enjoy the song and try to sing with it. (Ss are singing or shaking their bodies with the song) T:Great! Do you like it? S:Yes! T:What's the song about? S:The letter's sound. T:Brilliant! Look,this is letter m,m says /m/. Letters "ar" says /aː/. Letter "f" says /f/.(带领学生一起复习) Yes,F-A-R-M make the word——farm(留给学生说). Ss:FARM. T:Bingo! Today we will have a new friend. Who is he? Let's listen. (引入情境,播放 York 和 Worf 的简单自我介绍,先对 or 字母组合有初步认知) S:He is York. T:Good! Do you want to more about York? Let's listen to the chant. (教师在热身和导入环节根据学生反馈,判断学生旧知掌握情况,调整激活练习,充分调动学生从已知到未知的探索欲)

续表 4-3

教学目标	教学环节	学习活动
设计意图:利用歌曲活跃课堂气氛,同时在歌曲中复习字母的字母名和字母音,激活孩子们的旧知。		
通过听读语篇发现并掌握字母组合 or 的发音规则,能够有节奏和有感情地模仿语篇歌谣,发音清晰流畅(学习理解)	Attention (关注发现)	**Step 2:Listen,read and find** Presentation I am York. I'm forty years old. I can ride a horse. I like to play sports with my brother. (学生通过 York 的 chant 了解他的个人信息,通过图片引导理解含义) 进行第一段主语篇学习。 教师通过提问,引导学生关注并回答主要信息词汇。 Q1:What's his name? Q2:How old is he? Q3:What can he do? Q4:What does he like to do? 答出例词:York,forty,horse,sport. Q5:What do they have in common(共同点)? (教师根据学生回答问题的情况判断学生提取主要信息的能力,并能根据标红自主发现单词的共同点,即都含有字母组合 or,然后教师再进行追问) T:What's the sound of "or"? (学生跟读 chant 再次感受发音,将重点放在发现字母组合 or 的发音,让学生带着猜想进行下一步模仿)
设计意图:引导学生自主探究,通过听、读、观察、分析与归纳等方法体会、发现发音规则。同时,培养学生的合作意识。		

续表4-3

教学目标	教学环节	学习活动
能够看词拼读或听音拼写含有字母 or 的词汇并根据拼写和发音对词汇进行分类(应用实践)	Gain（获得新知）	**Step 3：Watch and imitate** （学生根据视频中 or 的发音标准进行模仿,提醒学生关注口型。教师及时关注学生的发音,并进行示范和调整） **Step 4：Blending games** 通过教师示范,学生个人练习、同桌练习等拼词游戏,练习 or 在单词中的发音。
设计意图:通过有趣的手势和听音模仿练习,强化记忆 or 的第一种发音/ɔː/。能够让学生在活动中习得发音。		
通过听读语篇发现并掌握字母组合 or 的发音规则,能够有节奏和有感情地模仿语篇歌谣,发音清晰流畅(学习理解)	Attention（关注发现）	**Step 5：Listen,read and find** 练习单词拼读后,再复习 chant,在语篇中正音。通过 York 的介绍,引出 brother 的个人信息。 进行第二个主语篇学习。 教学过程与第一个主语篇相同。
设计意图:引导学生自主探究,通过听、读、观察、分析与归纳等方法体会、发现发音规则。同时,培养学生的合作意识。		

续表4-3

教学目标	教学环节	学习活动
能够看词拼读或听音拼写含有字母 or 的词汇并根据拼写和发音对词汇进行分类(应用实践)	Gain（获得新知）	**Step 6：Listen and imitate** **Step 7：Blending game** **Step 8：Chant together** 小组合作将 or 的两种发音在 chant 中进行内化。教师给出评价标准,让生生练习后展示并进行互评,最后教师进行总结。
设计意图:通过有趣的手势和听音模仿练习,强化记忆 or 的第二种发音/ɜ:/。能够让学生在活动中习得发音。		
能够运用所学语音知识完成挑战练习与阅读相关绘本(迁移创新)	Innovation（创新运用）	在情境中进行语音知识的运用 **Step 9：Task 1（Spell & Classify）** 帮助农场农民进行蔬菜分类。练习区分 or 的两种发音。学生先自主完成,然后根据标准给出自评。 (学生在规定时间内完成练习单,教师随机邀请单个学生展示拼读及分类结果,给出总结性反馈,并让学生进行自评)

续表4-3

教学目标	教学环节	学习活动
能够运用所学语音知识完成挑战练习与阅读相关绘本（迁移创新）	Innovation（创新运用）	**Step 10：Task 2（Listen & Write）** 在情境中,进行听音能写活动,不仅练习语音知识,而且在应用中补充了其他知识,锻炼学生的学习运用能力。 （学生在语境中听音书写单词并补充句子,注重拼写、语义与语用。教师在练习反馈时,关注学生的听音读写能力及四线三格的书写规范） **Step 11：Task 3（Story time）** （学生自读绘本,根据提示,第一步圈出绘本中含有"or"的单词;第二步根据 or 的不同发音,进行分类。教师根据学生自读情况进行提问,让学生回答并进行答案核对,最后教师总结反馈。完成评价后再次带领学生共读绘本）
设计意图:通过闯关活动,让学生在新的情景下能够运用语音知识解决问题。		

续表 4-3

教学目标	教学环节	学习活动
能够运用所学语音知识描述图片与阅读相关绘本（迁移创新）	Comment（评价展示）	**Step 12：Describe the picture** 教师描述规则并给出示范。 （小组合作,仔细观察图片,调动已有知识,综合运用含有 or 的词汇描述图片进行造句。小组合作限时 PK,规定时间内,造句数量多者胜出。教师根据小组造句数量进行评价）
Homework		1. Read the story *The Old Farmer* to your parents. 2. Try to do：Find more real words with the letter group "or".
Blackboard Design		

第五章　读写教学

　　读写结合的教学在基础教育阶段的英语教学中受到越来越多的重视。义教新课标倡导教师分别从"学思""学用""学创"这三个方面践行英语学习活动观。坚持学思结合,引导学生在学习理解类活动中获取、梳理语言和文化知识,建立知识间的关联;坚持学用结合,引导学生在应用实践类活动中内化所学语言和文化知识,加深理解并初步应用;坚持学创结合,引导学生在迁移创新类活动中联系个人实际,运用所学解决现实生活中的问题,形成正确的态度和价值判断。英语阅读和写作是提升学生语言输出和思维表达能力的重要方式,英语读写结合是践行英语学习活动观、培育学生核心素养的重要途径。

　　读和写是英语学习中两项最为重要的语言技能,"读"是理解性技能,"写"是表达性技能,他们在语言学习过程中相辅相成,相互促进。义教新课标语言技能一级目标对读的要求是:"根据图片和标题,推测语篇的主题、语境及主要信息;在听、读、看的过程中有目的地提取、梳理所需信息;推断多模态语篇中的画面、图像等传达的意义。"对写的要求是:"正确书写字母、单词和句子;根据图片和语境,仿写简单的句子。"

　　二级目标对读的要求是:"借助图片、图像等,理解常见主题的语篇,提取、梳理、归纳主要信息;在听和读的过程中,根据上下文线索和非文字信息猜测语篇中词汇的意思,推测未知信息;归纳故事类语篇中主要情节的发生、发展与结局;对语篇中的信息进行分类;比较语篇中人物、事物或观点间的相似性和差异性,尝试从不同视角观察、认识世界;概括语篇的主要内容,体会主要信息之间的关联;理解多模态语篇传达的意义,提取关键信息。"对写的要求是:"围绕图片内容,写出几句意思连贯的描述;模仿范文的结构和内容写几句意思连贯的话,并尝试使用描述性词语添加细节,使内容丰富、生动;正确使用大小写字母和常见标点符号,单词拼写基本正确;根据需要,运用图表、海报、自制绘本等方式创造性地表达意义。"

　　同时,大量研究表明,阅读与写作结合具有重要意义。读写结合的能力是一个人学业成功的关键能力,阅读与写作教学同时进行能够促进学生学习效率的最大化(Shanahan & Lomax,1986;1988)。

　　阅读和写作在认知层面展现出显著的相似性,它们共同依赖于多个知识维度,这些共性为两者的协同发展奠定了坚实的基础(Fitzgerald & Shanahan,2000)。具体而言,阅读和写作都需要理解其目的和功能,认识到读者与作者之间的互动性质,以及在处理文本时对意义的解读、词汇的辨认和策略的应用。此外,两者在监控基本语言知识方面也有共同之处,这包括对语音、拼写、语义、句法和语用知识的掌握。鉴于这些共性,阅读和写作的学习应当同步推进,通过结合两者的教学方法,可以更有效地促进学生的语言能力和认知发展。

WIRC(美国教育部赞助的读写研究项目)的教学形式是提供思维训练单,主要包含三个方面的任务:阅读并回答有关文本意义的问题,利用图式结构图来确定文本组织形式以及基于阅读理解的扩展性写作。该项目对高分和低分组学生的学习均有良好的促进作用(Cho & Brutt-Griffler,2015)。

一、小学英语读写教学定义

在学术界,对于读写结合的教学存在一定的共识。著名的英语教育专家吉姆·卡明斯(Jim Cummins)在其著作 *Bilingualism and Special Education:International Perspectives* 中提到,读写教学(Literacy Instruction)旨在培养学生在特定语言环境中的阅读和写作能力的教学活动。卡明斯强调,有效的读写教学应结合学生的语言背景,采用多元化的教学策略,以促进学生在第一语言和第二语言中的认知发展。另一位知名的教育学者迈克尔·韦斯特(Michael West),在其经典作品 *Teaching Large Classes* 中提出,读写教学是一种教学模式,旨在通过有组织的阅读和写作活动,帮助学生在英语学习过程中建立扎实的语言基础。韦斯特主张通过循序渐进的方式,逐步引导学生从基本的词汇和句型学习过渡到复杂的阅读理解和写作技巧。这些定义虽然来自不同的学术视角,但都强调了读写课在英语教学中的核心地位,以及其对于培养学生阅读理解和写作能力的重要作用。

因此,我们可以明显看出,小学英语读写教学是一种将英语阅读与写作相结合的教学模式,旨在通过适宜的语篇和科学的教学方法,系统地提升学生的英语阅读理解能力和书面表达技能,从而有效发展其读写素养,促进其认知发展。

在此类教学中,学生将接触到多样化的英文阅读材料,涵盖不同难度级别的文本和多模态的语篇,从而逐步培养其有效阅读能力。同时,通过一系列结构化的写作训练,如句子结构分析、段落构建以及短文创作等环节,学生将掌握有效的写作策略,提高其英语表达的逻辑性和条理性。

总体而言,小学英语读写教学致力于构建一个综合的课堂语言技能发展模式,为学生的长期语言发展奠定扎实的基础。

二、小学英语读写教学特点

根据新课标中对读写能力的有关要求,结合读写教学的定义,读写教学是将阅读和写作有效联结的教学,具有以下鲜明的特点。

(一)关联性

认知发展理论(Tierney & Shanahan,1991)指出阅读与写作在三个维度上有明显关联:修辞关联、程序关联和共享知识关联。其主要观点表明,在写作时具有读者意识能更好地提高其写作水平,即使是小学一年级的学生,在真实的写作任务面前也能表现出优秀的读者意识;在阅读时揣测作者的意图也能相应提高阅读水平(Beck et al.,1996);通过读写合作完成任务建立读写联结;阅读和写作在认知过程上有相似性,共享多个维度的知识。

因此,认识到读写教学的关联性之后,教师要有意识地在课堂教学过程中通过阅读引导学生关注语篇材料的写作特点和语言表达,再通过写的任务引导学生学习和运用阅读中学习到的写作知识。例如在"记叙文"中,教师可以引导学生关注开头的主题句、中间的例证句以及结尾的评价句来进行模仿写作。

(二)目的性

通过学习理解多模态的语篇,分析语篇的特点及功能,从而明确写作的目的及用途,进而进一步加深学生对语篇的理解,并提高学生的写作兴趣。如在学习了"书信"语篇后,教师可以引导学生通过撰写回信来回应阅读材料中的问题,设想自己是作者的亲属或朋友,并以这种角色书写一封正式的回函,针对作者的观点和行为进行反馈。这种方式不仅能够加深对文本的理解,还能锻炼其写作技巧,同时也提供了一个反思和表达个人观点的平台;在学习了"故事"语篇后,可以分析故事中的人物并分享见解,因为进行人物分析是一种深化理解的手段。探讨故事中角色的性格、动机和行为时,可以从文本中提取相关证据,并结合具体例子来支持分析结论。完成这一分析后,将自己的发现、所依据的文本证据整理成文,与同伴交流分享。这样的活动有助于提升批判性思维能力,并促进同伴间知识的共享和讨论。

(三)逻辑性

无论是阅读还是写作,思维都是关键——思维的层次决定了写作内容的层次,要把思维的培养和发展放在读写活动的中心位置(王蔷,2020)。在阅读理解活动中,要特别注重引导学生对语篇逻辑的分析,明确作者使用了哪些词汇或者语言来增强语篇的逻辑性,如在"日记"语篇中,作者常常按照时间顺序进行描述,使用如 in the morning,in the afternoon,或者 first,and then,at last 等词汇;在"人物介绍"语篇中,分析为什么作者要描述这个人物,作者使用了哪些语言描述去证明这一点。

总的来说,小学英语读写教学的设计和实施具有明显的特点,这些特点不仅符合小学生的认知发展水平,也适合现代教育的发展趋势。"无论是阅读还是写作的活动设计,教师都要紧紧围绕阅读文本或写作任务的主题内容、文体结构和语言表达,结合具体学生人群的心理、认知特点和语言发展水平,设计好与学生实际生活多点结合的、服务于写作目的的教学活动,帮助学生将所读迁移到写作中"(王蔷,2020)。教师要为学生提供真实情境任务,激发学生的写作动机,对接学生已有图式,使学生能够积极参与到意义建构的实践中,使学生有话想说,有话可写。

三、小学英语读写教学策略

(一)解析语篇,确定读写关联

读和写作为两种语言技能,整体上具有高度的相关性。读写结合教学中要特别关注读和写的联结之处,找到学生的最近发展区,提供支架,注意读写任务与真实世界的联系,增强学生的学习动机(钱小芳,2022)。因此,明确读与写的关联是做好读写教学的关键。教师可以通过详细分析语篇的主题和内容、文体结构、语言特点,对文本进行深入解读,从而确定读与写在内容(what)、主题(why)、语篇结构和语言(how)等方面的关联。(图5-1)

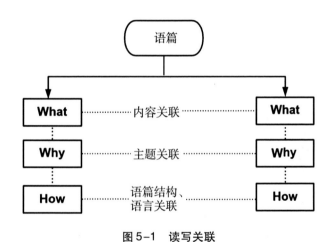

图5-1　读写关联

【**课例5-1**】人教版(三年级起点)五年级(上册)"Unit 4 What can you do?"
Read and write "Who can be my friend?"教学片段

> Do you want a new fiiend? Try me! I am Robin the Robot. I am friendly and funny, I can speak English and Chinese. I can do some kung fu. I can play ping_pong, but I can't swim.
> What can you do? Please send me an e-mail at robin@ufiend.cn.
> Robin

本语篇在读和写方面的关联解读如下。

● **What**(内容关联)

主题语境:涉及人与自我的话题

内容信息:本课语篇是机器人 Robin 交友的一封电子邮件。邮件中,Robin 先表达了交朋友的愿望,然后进行了简单的自我介绍,包括姓名、性格特点、能做和不能做的事情,最后提供了邮件地址,并期待收到回信。

关联启发:建立一个自我介绍的思维导图如"ID card",引导学生建构人物介绍的知识体系,为后面的自我介绍做铺垫。

● **Why**(主题关联)

写作目的:寻求新朋友

育人价值:

①语篇通过呈现机器人 Robin 交友的烦恼以及使用邮件介绍自己并寻求朋友的过程,引发学生对自我和朋友的关注。

②通过 Robin 自身性格特点和能力等介绍,引导学生客观看待自己的能力特点,认识到"存在共同特点或不同的两个人都有可能成为朋友",引发学生思考"朋友"的含义。

关联启发:考虑撰写回信去回应写信人 Robin 的问题,并仿照语篇从姓名、性格特点、能做和不能做的事情等方面表达回应的原因,引导学生思考"朋友"的真正含义。

● **How**(语篇结构、语言关联):

语篇类型:电子邮件,包括邮件主题、内容、邮箱地址及落款。

语篇题材:人物介绍,包括姓名、性格特点、能做和不能做的事情方面。

篇章结构:本语篇可以分为三个部分,表达邮件目的(第1句)、介绍自己(第2句至第6句)及请求回信(第7、8句)。

语言特征:

①语篇时态:介绍自己使用一般现在时。

②表达性格的主题词汇:friendly,funny。

③表达能力的主题词汇:can,can't,speak English and Chinese,do kung fu,play ping-pong,swim。

④衔接手段:使用特殊疑问句"What can you do?"

关联启发:在理解文本环节,引导学生观察邮件的主题、内容和落款,通过提问引导学生思考问题,学习文本中表达主题的词汇和句型;在 read for format 环节,再次归纳总结邮件的格式。

(二)均衡分布,保证课堂写作时间

培养均衡的读写素养能够促进英语课程六要素的整合,有助于推动学生英语学科核心素养的形成(王蔷,2021)。然而,目前课堂教学中阅读理解活动与写作活动的均衡分布、学生阅读与写作能力的均衡发展问题是存在于大部分小学英语课堂教学中的。大部

分教师将写作任务留在课后作业中或仅仅为学生留存 5 到 8 分钟的课堂写作时间,而将大部分的时间和精力用于阅读理解中,这种不均衡的现象造成了学生读写能力发展的不均衡。因此,教师在读写教学中要注意活动任务及时间的均衡分布,为学生的读写均衡发展提供机会。

(三)以图梳文,搭建写作支架

小学英语阅读和写作阶段使用思维导图具有较大的意义。一方面,思维导图可以提高教学效率和学生的学习兴趣。思维导图能够帮助学生以视觉化的方式整理和记忆英语知识,这种方法相较于传统的线性笔记更加直观,有助于学生快速抓住重点,提高其学习效率。同时,思维导图的创意和色彩的丰富性能够吸引小学生的注意力,激发他们的学习兴趣。另一方面,思维导图能够锻炼学生的批判性思维和解决问题的能力。在制作思维导图的过程中,学生需要分析和整合信息,这一过程锻炼了他们的批判性思维能力。此外,思维导图还可以作为解决问题的工具,帮助学生在遇到语言难题时,通过图形化的思考路径找到解决方案。常用的思维导图有圆圈图、气泡图、树状图、括号图、循环图、流程图、韦恩图、鱼骨图等形式。(图 5-2 至图 5-9)

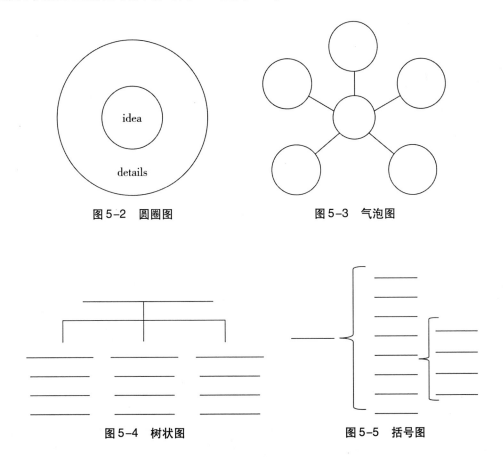

图 5-2　圆圈图　　　　　　图 5-3　气泡图

图 5-4　树状图　　　　　　图 5-5　括号图

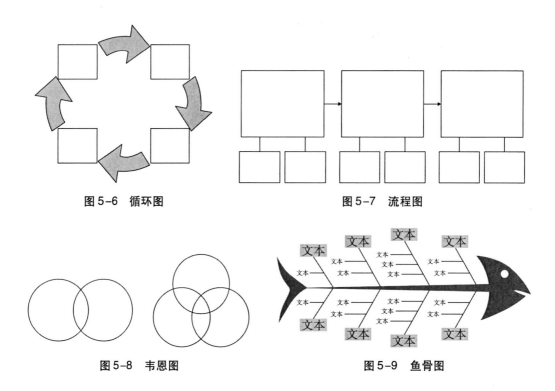

图 5-6 循环图   图 5-7 流程图

图 5-8 韦恩图   图 5-9 鱼骨图

1.利用趣味图,学习语篇结构

在赏析阅读语篇时,教师可以通过泛读寻找主题、精读赏析细节、回读品味语言的方式逐步引导学生分析、学习语篇,如教师在教学中通过 read for main ides,read for details, read for format 等活动,与学生一起对语篇进行深度赏析。在此过程中,教师借助思维导图或图表的形式对文本进行梳理,让单一、线性的文字变成多维度、有逻辑的图表,为后续的写作搭建支架。

【课例5-2】人教版(一年级起点)五年级(上册)
"Unit 6 Chores"中"Read and write"教学片段

Susan's day for chores	Nancy's day for chores
Susan is always busy on Sunday. In the morning she makes the bed. Then she sweeps the floor and waters the plants. In the afternoon she usually washes clothes.Before dinner,Susan feeds her pet cat. After dinner, she often takes out the rubbish. She enjoys her day for chores.	On Sunday Nancy often helps her parents do chores at home. After getting up, she always makes her bed. In the morning, she usually helps her grandparents wash clothes and tidy their bedroom.Then she helps her mother make lunch.After lunch, she often does the dishes She enjoys helping her family.

本节课教师通过带领学生阅读第一篇短文,以鱼骨思维导图的形式梳理了短文的知识结构,并以自主阅读短文二的方式绘制思维导图,引导学生读写结合,在读的过程中梳理语篇信息,为后面的写作做铺垫。(图5-10)

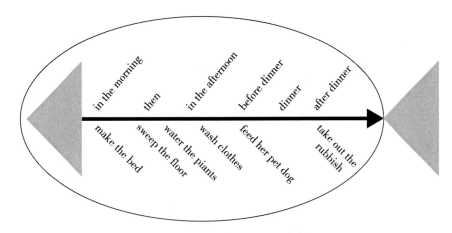

图5-10　课堂教学思维导图(鱼骨图)

【课例5-3】人教版(三年级起点)四年级(上册)"Unit 6 Meet my family"教学片段

This is my family. My mother is a teacher. She is very friendly. My father is a basketball player. He is tall and strong. My uncle is a cook. My aunt is a nurse. I am a student. I have no job.

本节课为了让四年级的学生较好地理解语篇结构,教师在课堂中通过使用"汉堡包"结构图来梳理和分析语篇结构,这不仅能够清晰地呈现文本篇章结构,还能增强学生的学习兴趣,引导其"悦学"。(图5-11)

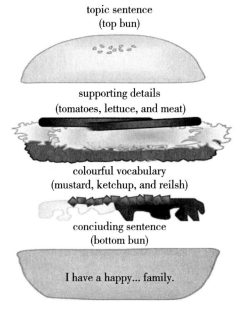

topic sentence
(top bun)

supporting details
(tomatoes, lettuce, and meat)

colourful vocabulary
(mustard, ketchup, and reilsh)

conciuding sentence
(bottom bun)

I have a happy... family.

图5-11　课堂教学思维导图(汉堡包图)

2. 利用表格,梳理语篇细节信息

思维导图能清晰地呈现语篇结构,促进学生的整体理解,图表却能有效整理语篇的细节信息,尤其是当阅读材料包含大量具体信息,如多人物的介绍和特征、多个时间段的活动时,表格可以用来清晰地记录和整理这些细节,便于学生理解和记忆。

【课例5-4】人教版(三年级起点)五年级(上册)
"Unit 3 What would you like?"中"Read and write"教学片段

Dear Robin, My favourite food is ice cream. It is sweet. I don't like beef but chicken is OK. Onions are my favourite vegetable. I like salad very much. Thank you! Binbin	Dear Robin, My favourite food is chicken. It is delicious. I like vegetables but not carrots. Thanks. Grandpa

本节课中,教师根据语篇内容,即 Binbin 和 Grandpa 为 Robin 留言关于自己喜欢和不喜欢的食物。因此,"What do they like?"是本文的重点内容。在课堂中,教师使用表格首先引导学生阅读语篇,梳理出两人喜爱和不喜爱的事物,再进行对比和分析,以"What do they both like?"启发学生进行归纳和辨析,思考并讨论"Why do they both like?"。在层层梳理细节信息的过程中,加深学生对"饮食健康"主题的进一步思考。(图5-12)

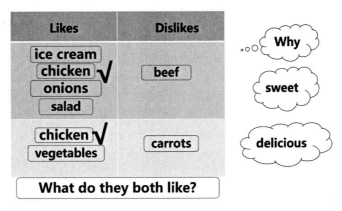

图5-12　课堂教学使用表格

3. 利用流程图,组织思想

创造性思维理论强调思维的发散性和非线性特点。思维导图通过提供一个开放的结构,鼓励学生从不同角度思考问题,激发新的想法和创意,这对于写作来说尤为重要,因为它可以帮助学生构建新颖和有深度的文本。因此,在自由写作之前利用思维导图组织想法,是一种高效且富有创意的策略。一方面,思维导图允许学生以非线性的方式捕捉最初的想法和灵感。无论它们是如何随机出现的,这种自由的结构都有助于激发更多的想法,因为学生可以轻松地在不同的概念之间建立联系,而不仅仅是按照逻辑顺序思考。另一方面,在写作前使用思维导图,可以帮助学生构建文章的大纲,明确主题、段落和论点之间的逻辑关系。这不仅使写作过程更加有条理,还能确保文章结构的清晰和连贯性。另外,思维导图通过视觉化的方式展示信息,有助于学生快速回顾和调整文章结构。在写作过程中,学生可以在思维导图上即时调整想法的顺序或添加新的想法,这比在文本中修改要高效得多,会节省大量时间。

【案例5-5】人教版(三年级起点)六年级(下册)
"Unit 3 Where did you go?"中"Read and write"教学片段

Saturday, April 23rd

Today was a sunny day. In the morning, we rode a bike for three people. Max sat in a basket on the front of the bike. That was fun! We took pictures of the beautiful countryside. We bought some gifts and ate some delicious food.

In the afternoon, Mum ate some bad fruit and didn't feel well. So we stayed in the hotel. Dad and I wanted to make her happy. We dressed up and made a funny play. Robin played the part of a dog. He was so cute. Max liked him so much. He jumped on him and licked him. Of course, Robin didn't like it. We laughed and laughed.

It was a bad day but also a good day!

该语篇类型为叙事性日记,记录了吴斌斌既坏又好的一天。教师引导学生共同鉴赏完文章之后,以"你有这样的一天吗?"为主题布置写作任务。然而对于班级一部分同学来说,直接进行文章的输出比较困难,学生对写作有畏难情绪,教师可以利用帮助学生整理思路的思维导图,引导学生首先利用词块记录下来自己的想法,让自己的故事较有逻辑性。在本课中,教师首先利用"My Diary Flow Map",同时告诉学生使用方法,比如在故事开端可以记录,如 went to a park,flew a kite,couldn't fly it high 等词块,在过程中记录如 ask father for help,tried for many times 等,在结尾处记录如 flew it higher,happy and excited 等。通过这些词块,学生便可以对其进行丰富,进而进行文章创作。(图5-13)

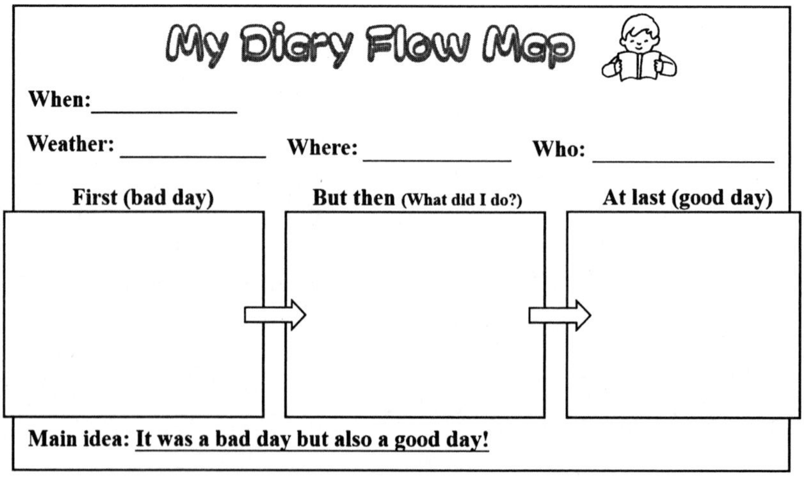

My Diary Flow Map

When: _____

Weather: _____   Where: _____   Who: _____

First (bad day)   But then (What did I do?)   At last (good day)

Main idea: It was a bad day but also a good day!

图5-13 "My Diary Flow Map"学习单

（四）设计多维评价标准，为写作提供评价依据

为小学生制定写作评价标准时，应考虑到学生的年龄特点、认知水平和写作技能的发展阶段。一个全面的评价标准应该涵盖多个维度，包括内容、结构、语法、拼写、标点和创造性表达。在实际操作中，教师可以根据具体教学目标和学生能力，对上述标准进行调整和细化，以确保评价的公平性和有效性。

【课例5-6】人教版（三年级起点）五年级（上册）
"Unit 4 What can you do?"中"Read and write"教学片段

> Do you want a new friend? Try me! I am Robin the Robot. I am friendly and funny. I can speak English and Chinese. I can do some kung fu. I can play ping-pong, but I can't swim.
> What can you do? Please send me an e-mail at robin@ufiend.cn.
> Robin

在本节课中，教师根据教学需要和课标二级要求，主要从内容 content，语言 language，和格式 format 三个方面制定了写作评价标准。内容维度，教师重点关注在"读"的阶段对语篇内容进行分析；语言维度，值得注意的是，教师不仅仅关注语言的准确性，而是更加注重语言的多样性表达，如使用 like，be good at 等不同的词汇进行表达，同时强调语言的逻辑性，引导学生使用诸如 and，because，so 等连接词，这些问题都是学生在写作过程中容易忽视的方面；格式维度，教师要求学生关注语篇结构，如本课的邮件包含了题目、邮件内容、署名。同时，要求学生注意标点、拼写、语法以及整洁度。

同时，为了有利于学生在写作过程中随时参考评价标准进行自评，教师巧妙地将评价量表置于写作任务单中，设计了"写作—评价一体化"任务单。（图5-14、图5-15）

Assessmnet Chart Ⅰ (自评表)			
Content 内容	Cover the details about yourself. (character, ability, effort, hobby...)	YES	NO
Language 语言	Use can, like, be good at...to talk about yourself.	YES	NO
	Use and,becasue, so... to make the e-mail logical.	YES	NO
Format 格式	Write the e-mail with Title, Body and Sign.	YES	NO
	Write with correct spelling and grammar.	YES	NO
	Write neatly.	YES	NO

图5-14 写作评价标准

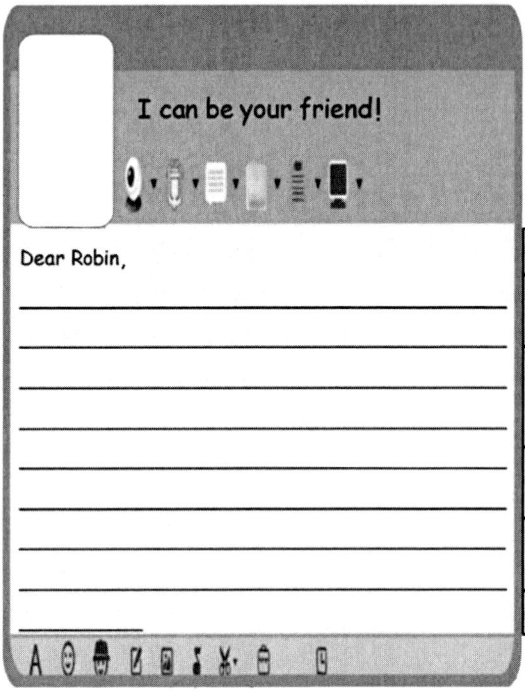

Assessment II (互评表)
□the email format (**title, body, sign**)
□rich **details** (name, character, ability, hobby...) **with √**
□spotlights (亮点) that can **attract** Robin **with ~~~**
□correct grammar, spelling and punctuation **with** ◯
□**want to be his/her friend**

图 5-15 “写作—评价一体化”任务单

(五)及时提供写作反馈,监控写作修改过程

当学生完成写作任务后,教师要及时提供针对写作任务的反馈。在小学英语课堂中,常用的监控和反馈方式有以下几种:

1. 修改记录

要求学生在修改作文时,使用不同颜色的高光笔标注重要信息或不同形式的笔迹记录,如黄色标注题目,蓝色标注内容,绿色标注结尾句,等等。

2. 电子平台监控

教师可以利用电子学习平台布置写作任务,并通过平台监控写作进度,学生课堂中进行提交,并利用 GPT 进行作文修改,同时教师给予指导和反馈。

【课例5-7】人教版(三年级起点)六年级(下册)
"Unit 3 Where did you go?"中"Read and write"教学片段

Saturday, April 23rd

Today was a sunny day. In the morning, we rode a bike for
three people. Max sat in a basket on the front of the bike.
That was fun! We took pictures of the beautiful countryside.
We bought some gifts and ate some delicious food.

In the afternoon, Mum ate some bad fruit and didn't feel
well. So we stayed in the hotel. Dad and I wanted to make her
happy. We dressed up and made a funny play. Robin played
the part of a dog. He was so cute. Max liked him so much. He
jumped on him and licked him.Of course, Robin didn't like it.
We laughed and laughed.

It was a bad day but also a good day!

　　本节课教师将信息技术与课堂教学进行了深度融合。在写作前,教师利用在线学习平台布置写作任务,学生在作文纸上完成之后,拍照上传系统,系统自动打分,教师进行指导。然后利用"作文批改"功能,使用GPT系统进行批改和修改,在此过程中,学生逐步完善自己的作文,并对自己的要求不断提高,作文质量也得到了有效提升。

四、小学英语读写教学模式

(一)模式解读

　　通过对读写教学进行探索实践,我们总结出读写教学的"ATTRACT(吸引力)"读写课课堂教学模型,其主要步骤包含:Activating(激活主题)、Tasting(鉴赏阅读)、Tasking(写作任务)、Recording(独立写作)、Assessing(评价修改)、Communicating(展示交流)、Thinking(主题升华)。(图5-16)

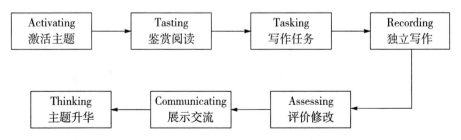

图5-16　小学英语ATTRACT(吸引力)读写教学模型

Activating(激活主题):作为读写课程开始的关键环节,教师应采用多样化的教学手段,如视频短片、时事热点或学生日常生活的实例等,来激发学生对即将学习主题的兴趣和好奇心,唤起学生大脑中已有的相关知识储备,实现与即将接触的课程内容的有效衔接。

Tasting(鉴赏阅读):该阶段是培养学生批判性阅读技能的关键环节。在这一阶段,教师应指导学生运用恰当的阅读策略,以提取、整理并归纳文本中的核心信息,从而初步感知文本所承载的主题意义。在进行鉴赏阅读时,笔者建议采取以下策略:确定主旨、细节阅读、格式分析。此外,教师应根据学生的实际情况和文本的难易程度,灵活调整阅读策略的顺序和重点,以确保学生能够有效地进行鉴赏阅读,深化对文本主题意义的理解。这一过程不仅锻炼了学生的阅读理解能力,也为他们后续的写作活动提供了丰富的素材和深刻的见解。

Tasking(写作任务):该阶段是培养学生写作能力的重要环节。教师应确保学生在写作活动开始前对任务有清晰的认识,并引导他们明确写作目的,这是选择文体和构建语篇框架的前提。学生需要通过观察和分析不同文体的格式与要求,确定适合不同题材的交际目的。这一目的不仅决定了文体的选择,也影响了语篇内容和风格的决策。

在写作前的准备阶段,教师可以鼓励学生进行"口头习作"(Oral Drafting),这有助于他们在动笔前理顺思路,避免书面表达中的常见问题,如用词不当、句式单调或逻辑混乱。通过小组讨论或同伴互评,学生可以在交流中相互借鉴,学习他人的表达方式和思路。特别是思路活跃的学生的示范,可以激发其他学生的思考,促进学生之间的相互学习和启发。这种互动学习的过程,不仅帮助学生形成自己的写作思路,而且为书面表达做好了充分的准备。

Recording(独立写作):在这一环节,学生利用先前讨论中形成的支架和思路,独立完成写作初稿。学生在完成初稿后,应进入自我反思阶段,对自己的作品进行细致的审视和客观的评价。这一过程要求学生从内容的深度、语言的准确性、格式的规范性等方面进行自我评估,并根据评估结果进行必要的修改和完善,以形成初步定稿。

为了确保写作任务的评价具有针对性和可操作性,教师可以根据本课时的写作主题和文体格式,将评价标准划分为"内容"(Content)、"语言"(Language)、"格式"(Format)三大维度。这三大维度为学生提供了明确的写作和评价方向,有助于系统地提升学生的写作能力。

对于小学高年级的教材,每一单元的写作任务都可以依据这三大维度进行评价。然而,教师也应根据具体的文体特点和写作对象,灵活调整一两点评价要求,以确保评价标准的适用性和针对性。学生不仅能够在独立写作中锻炼自己的思维和表达能力,还能够在自我评价和修改中提高自我监控和自我完善能力。这种以学生为中心的教学模式,有助于培养学生的自主学习能力和终身学习能力。

Assessing(评价修改):在完成自评后,学生与同伴交换作品,利用互评表完成互评,之后各自对习作再次进行修改。在此过程中,教师可以收集记录具有参考性的范例,做好后续展示。同伴之间的评价修改则更有利于帮助学生发现自己在自评时没有意识的问题,完善其写作。

这三个要素——语言支架、写作思维导图、评价标准——构成了写作教学的"三脚架"。在每一节读写课的环节设计中,教师都应考虑如何体现这一写作三脚架,以确保学生能够在各个环节中均衡发展,全面提升其写作能力。通过这种系统化、专业化的教学设计,学生的写作能力将在不断的实践、评价和修改中得到锻炼和提升,最终达到更高的写作水平。

Communicating(展示交流):写作不只是表达思想、进行语用交流的活动,更是深化学生作为作者和读者双重身份意识的重要途径。在完成写作后,学生应有机会分享自己的阅读作品,并拥有真实的读者群体,这对提升学生的写作动机和自我效能感至关重要。

在作品展示之后,学生应邀请其同伴对其作品进行评价,并就评价的关键点进行阐释和说明。这一过程不仅帮助学生复习评价标准,而且再次强调了评价要求的重要性。通过集中反馈学生的写作成效,教师能够有效地加强学生对习作要求的认识,从而促进学生写作技能的持续进步。

Thinking(主题升华):学生在完成写作后会对本课时的主题意义有更深层次的理解。为了进一步激发学生的情感体验,教师可以引导学生选择拓展阅读材料,如绘本或视频等资源,以进一步深化和升华本课时的主题意义。这些辅助材料不仅能够丰富学生的情感体验,而且能够为学生课后的写作完善提供灵感和支持。

(二)案例分享

【案例5-1】人教版(三年级起点)五年级(上册)

Unit 4 What can you do?

Read and write Who can be my friend?

1. 语篇内容

> Do you want a new friend? Tiy me! I am Robin the Robot. I am
> friendly and funny. I can speak English and Chinese. I can do
> some kung fu. I can play ping-pong, but I can't swim.
> What can you do? Please send me an e-mail at robin@ufriend.cn.
> Robin

2. 语篇研读

What 该语篇是机器人 Robin 交友的一封电子邮件。邮件中,Robin 先表达了交朋

友的愿望,然后进行了简单的自我介绍,包括姓名、性格特点、能做和不能做的事情,最后提供了邮件地址,并期待收到回信。本课内容为人物介绍,机器人 Robin 的交友的烦恼激发学生的同理心,通过这一事件传达出"人与自我"主题语境下"做人与做事""自信乐观,悦纳自我"的主题。

Why 语篇通过呈现机器人 Robin 交友的烦恼以及使用邮件介绍自己并寻求朋友的过程,引发学生对自我和朋友的关注。通过 Robin 自身的性格特点和能力等介绍,引导学生客观看待自己的能力特点,认识到"存在共同特点或不同特点的两个人都有可能成为朋友",引发学生思考"朋友"的含义。

How 本课的语篇内容是一封电子邮件,主要内容是介绍自己和交友。邮件呈现了主题、内容、邮箱地址及落款。

文章可以分为三个部分:表达邮件目的、介绍自己及请求回信。文章包含了介绍性格特点和能力相关主题词汇,如 friendly,funny,speak English and Chinese,do kung fu 等。使用疑问句如"Do you…""What can you…"等,引起读者兴趣。文章中使用了一般现在时并多次呈现情态动词 can 的用法。

3. 教学目标

通过本课的学习,学生:

①能够获取并梳理 Robin 邮件中的信息(主旨、内容、结构等),形成知识结构图(学习理解);

②根据结构图,复述 Robin 的个人信息(应用实践);

③结合个人情况给 Robin 回信或写交友信,并简要评价(迁移创新);

④结合对 Robin 交友的思考,简要讨论"朋友",认识到"存在共同特点或不同特点的两个人都有可能成为朋友"(迁移创新)。

4. 教学流程(图5-17)

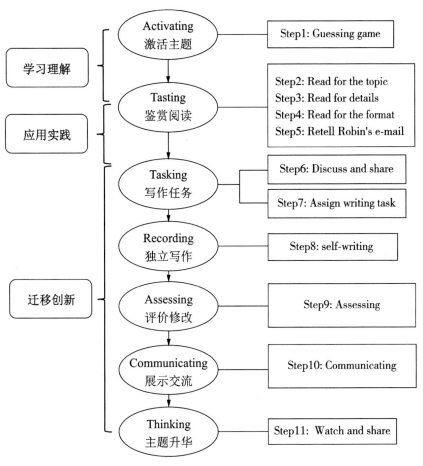

图 5-17　教学流程

5. 教学过程(表 5-1)

表 5-1　教学过程

教学目标	教学环节	学习活动
能够获取并梳理 Robin 邮件中的信息(主旨、内容、结构等),形成知识结构图(学习理解)	Activating (激活主题)	**Step 1:Guessing game** 学生根据关键词汇(如 three,sports)尝试描述教师的个人信息,包括职业、爱好等。 T:Three. S1:Miss Guo has three babies. T:No,I'm not married. S2:Miss Guo has been a teacher for three years. T:You're right. The next word:sports. S3:Miss Guo is good at sports. T:Can you guess what kind of sports? S4:Maybe running? S5:I think Miss Guo is good at playing ping-pong. T:Actually I like doing yoga,because it's easy.
能够获取并梳理 Robin 邮件中的信息(主旨、内容、结构等),形成知识结构图(学习理解)	Tasting (鉴赏阅读)	**Step 2:Read for topic** 观察 Robin 的表情,思考"Why does Robin write the e-mail?"快速阅读,寻找文章主旨句。 T:Now,let's read the e-mail and find why Robin write this e-mail. You can underline the helpful sentence. **Step 3:Read for details** 找出文章的主旨句之后,教师随机提问学生 Do you want to know more about Robin? 学生根据问题,详细阅读邮件,捕捉有关 Robin 的特征(性格和特长),并圈出来。 T:Please read the e-mail again,circle the key words about Robin's features. **Step 4:Read for the format** 对文章主要信息梳理完之后,学生关注 Robin 是怎么写这封邮件的,在教师的引导下说出 Robin 的邮件的几部分:title,body,contact,sign。(顺带回顾邮件的内容,并总结邮件的结构特征) T:Thanks for your help,I know more about Robin's e-mail. Let's see how Robin write this e-mail.

设计意图:本阶段 Activating 环节以学生非常感兴趣的猜测老师信息的游戏开始,随着学生对老师信息的表达,激活学生对人物描述的知识储备,为本节课主题阅读与写作奠定基础。Tasting 环节引导学生在速读和细读中逐步理解文章内容,学习文章中的核心词汇和句型表达。并且在一步步的任务中运用合适的阅读策略提取、梳理、归纳语篇中的关键信息,初步感知语篇所依托的主题意义。(感知与注意、获取与梳理)

续表 5-1

教学目标	教学环节	学习活动
根据结构图,复述 Robin 的个人信息(应用实践)	Tasting(鉴赏阅读)	**Step 5:Retell Robin's e-mail** (1) Read the e-mail T:Let's listen to the audio and follow it,please pay attention to the pronunciation and intonation. (2) Retell the e-mail 学生根据大纲提示,回顾邮件内容。 Retell the e-mail 根据提示与问题,试试复述文章吧! 1. Robin writes an _____ because he wants to _____. 2. What's his character? Robin 3. What's his ability? 4. If I want to be his friend, I can _____.
设计意图:学生通过跟读模仿复述,进一步理解文章内容,内化语言,为意义探究、态度形成奠定基础。通过阅读搭建语言支架,形成写作思维导图,助力写作思路;整个听说读过程中的语言知识,可以作为后续写作的素材。(描述与阐释、内化与运用)		
结合个人情况给 Robin 回信或写交友信,并简要评价(迁移创新)	Tasking(写作任务)	**Step 6:Discuss and share** 教师引导学生在组内思考、讨论除了性格和特长之外,我们在介绍自己时还能展现哪些方面。之后师生共同完成思维导图。 T:What else can we introduce? Let's share with your partners. S1:We can introduce our hobbies. S2:We can share our dreams… I am friendly and funny. Introduce yourself — … ? I can play ping pong, but I can't …

续表 5-1

教学目标	教学环节	学习活动
结合个人情况给 Robin 回信或写交友信,并简要评价(迁移创新)	Tasking(写作任务)	**Step 7:Assign writing task** 学生自主选择邮件 A 或 B。之后借助支架和自评表,在之前口头习作的思路上,完成初稿。教师在此过程中需巡视,给予学生必要的帮助和指导。 T:I think you know how to write the e-mail. Now let's write to Robin. If you want to be Robin's friend, you can choose the e-mail A or B. **A** I can be your friend! Introduce your spotlight to attract him. 介绍自己,并且吸引Robin和你做朋友。 **B** Sorry, I can't be your friend. Explain why you can't be friends. 介绍自己,解释不能成为朋友的原因。
结合个人情况给 Robin 回信或写交友信,并简要评价(迁移创新)	Recording(独立写作)	**Step 8:Self-writing(Write to Robin)** 学生使用带有评价量表(标注版)的写作任务单进行独立写作。 **Assessment II (互评表)** □the e-mail format (**title, body, sign**) □**rich details** (name, character, ability, hobby...) **with** √ □**spotlights** (亮点) that can **attract** Robin with ~~~ □correct grammar, spelling and punctuation **with** ◯ □**want to be his/her friend**

续表 5-1

教学目标	教学环节	学习活动
结合个人情况给 Robin 回信或写交友信,并简要评价(迁移创新)	Assessing（评价修改）	**Step 9:Assessing** (1)Self-assessment 学生在完成写作初稿后,根据自评表先进行第一遍评价——自评。对邮件的基础格式、单词拼写、标点等问题进行查漏补缺。 Assessmnet Chart Ⅰ(自评表) (2)Change the e-mail 在完成自评后,学生与同伴交换作品,利用互评表完成互评,之后各自对习作再次进行修改。教师在此过程中,收集记录范例。
结合个人情况给 Robin 回信或写交友信,并简要评价(迁移创新)	Communicating（展示交流）	**Step 10:Communicating** 教师邀请学生与同伴上台分享对方的作品,并且让同伴对其作品进行点评。在这一步,可以先选择班里程度较好的学生进行示范。 T:Now,let's read your e-mail. S1:Dear Robin… T:We can see there are some marks,and how do you like this e-mail? S2:Alright,I like this e-mail. Because the format is right, and the key sentence "if we are friends,we can…" can attract Robin well. T:Thanks for your share.
结合对 Robin 交友的思考,简要讨论"朋友",认识到"存在共同特点或不同特点的两个人都有可能成为朋友"(迁移创新)	Thinking（主题升华）	**Step 11:Watch and share** 教师播放有关交朋友的绘本视频 *What are friends for*,引发学生进一步思考如果没有共同的爱好或特长能否成为朋友。 T:After this video,how do you think of friends now? You must have more ideas about making a friend. S1:Friends are different. S2:Friends can help each other. T:You are great,just like the sentences in the video: *We are different but we have so much fun.* *We might have problems but we try to solve them together.*

Assessmnet Chart Ⅰ(自评表) detail:

			YES	NO
Content 内容	Cover the details about yourself.(character, ability, effort, hobby...)			
Language 语言	Use can, like, be good at...to talk about yourself.			
	Use and,becasue, so... to make the e-mail logical.			
Format 格式	Write the e-mail with Title, Body and Sign.			
	Write with correct spelling and grammar.			
	Write neatly.			

续表 5-1

教学目标	教学环节	学习活动
		设计意图:针对本节课"交朋友"的主题,进行"口头习作",此过程可以避免学生在后续书写时出现用词不当、句式单调、逻辑混乱等问题,为写作任务做准备。教师给学生提供不同主题的两份邮件,同时给学生选择的权利,尊重学生的差异性;让学生对自己的作品进行初次审查,也能进一步强化本次写作任务的要求。同时,考查学生是否具备清晰的评价意识;在写作后,学生对本课时的主题意义会有进一步的理解。为了放大学生此刻的情感,可以选择拓展绘本或视频等资源,进一步升华本课时的主题意义,为学生课后完善写作起到一定的辅助作用。
Homework		(Homework) My students want to make friends with you. You can send an e-mail to ira@english.163.cn. Do you want to be their friends?
Blackboard Design		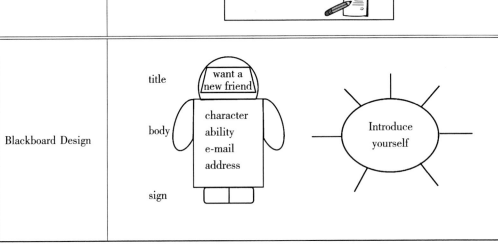

【案例5-2】人教版(一年级起点)五年级(上册)

Unit 6　Chores

Read and write

1. 语篇内容

Susan's day for chores
Susan is always busy on Sunday. In the morning she makes the bed. Then she sweeps the floor and waters the plants. In the afternoon she usually washes clothes. Before dinner, Susan feeds her pet cat. After dinner, she often takes out the rubbish. She enjoys her day for chores.

Nancy's day for chores
On Sunday Nancy often helps her parents do chores at home. After getting up, she always makes her bed. In the morning she usually helps her grandparents wash clothes and tidy their bedroom. Then she helps her mother make lunch. After lunch, she often does the dishes. She enjoys helping her family.

2. 语篇研读

What　该语篇是两篇配图短文。分别介绍了 Susan 和 Nancy 在周日经常做的家务。短文以从早到晚的时间顺序,具体呈现了她们做家务的一天,在最后也强调了两个人对如此充实的一天的享受,通过两则语篇传达出"人与自我"主题语境下"做人与做事","劳动习惯与技能,热爱劳动"这一主题。

Why　语篇通过呈现两名同学做家务的一天,引发学生进一步体会做家务的意义与价值,形成对做家务的积极的情感体验,从而养成主动做家务的习惯。

How　两则语篇都是配图短文,主要内容都是介绍做家务的一天。语篇复现了做家务的核心语言。包含了许多有关家务的短语,如 make the bed,take out the rubbish,wash clothes,tidy the room,sweep the floor,do the dishes。出现了表达时间的短语,如 in the morning,in the afternoon,before dinner,after dinner。两篇短文都是以第三人称视角进行描述,需要学生掌握动词在遇到第三人称单数时的变化形式。

3. 教学目标

通过本课的学习,学生:

①能够获取并梳理两篇文章的主要家务内容,并按照时间线形成鱼骨图(学习

理解）；

②根据鱼骨图,复述两人做家务的一天(应用实践)；

③根据 Li Yan 做家务的一天,按照时间顺序介绍她的一天并简要评价(应用实践)；

④观看一段关于"Five-year plan for young pioneers"的视频,共情争做家庭和老师的小助手,探讨自己的小五年规划(迁移创新)。

4. 教学流程(图5-18)

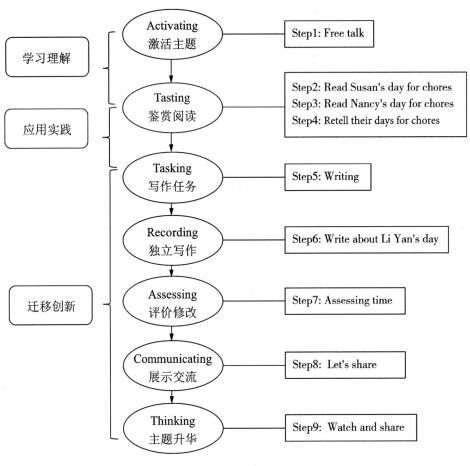

图5-18　教学流程

5. 教学过程(表5-2)

表5-2 教学过程

教学目标	教学环节	学习活动
能够获取并梳理两篇文章的主要家务内容,并按照时间线形成鱼骨图(学习理解)	Activating (激活主题)	**Step 1:Free talk** 学生介绍自己周末常做的事,由此引出本单元的主题"chores"。 T:Can you tell us what you usually do on the weekend? S1:I usually play games and do my homework. S2:I usually sleep,because I'm always sleepy. T:I think you should reset your schedule. S3:I usually do chores at home. T:What chores do you do? S3:I can water the flowers and wash the dishes. T:You're a helpful girl. And today we're going to read more about chores.
能够获取并梳理两篇文章的主要家务内容,并按照时间线形成鱼骨图(学习理解)	Tasting (鉴赏阅读)	**Step 2:Read Susan's day for chores** (1)Read and underline 阅读短文一,用下划线划出 Susan 所做的不同家务。 T:Now,let's read Susan's day for chores,and underline the chores Susan does. (2)Read and fill in the blanks 再次阅读短文一,学生通过填空书写出 Susan 做不同家务对应的时间。老师以鱼骨思维导图的形式展示第一篇短文的要点。 T:Please read Susan's day again,and fill in the blanks.

续表5-2

教学目标	教学环节	学习活动
能够获取并梳理两篇文章的主要家务内容,并按照时间线形成鱼骨图(学习理解)	Tasting (鉴赏阅读)	（3）Read and think 第三次读短文,找出主人公对做家务的看法,最后完善思维导图。 T：Read Susan's day for chores, and for this time let's find out whether Susan likes doing chores or not? S1：I think she likes doing chores. T：How do you know it? S1：Because the last sentence "She enjoys her day for chores." T：Great. And this word "enjoy" not only means "like", but also proves Susan can get pleasure from doing chores. **Step 3：Read Nancy's day for chores** Read and underline 阅读短文二,用下画线画出 Nancy 所做的不同家务。 T：After knowing Susan's day for chores, let's read Nancy's day for chores, and underline the chores Nancy does. 再次阅读短文二,学生通过填空,挖掘出短文二更多的细节,并在此次填空中进行句子的书写,为后面的写作打基础。 T：Now, let's read Nancy's day for chores, and fill in the blanks. ┌─ Read and fill in the blanks ─┐ After getting up , Nancy makes her bed . In the morning , she helps her grandparents wash clothes and tidy their room. ____Then____ , her helps mother make lunch . After lunch , she does the dishes .

设计意图:在 Activating 环节中,教师引导学生对自身做家务的经历进行分享,以盘活话题的相关知识为目的,并激活学生已有的生活体验和语言储备,为本节课的主题阅读与写作奠定基础。
Tasting 环节引导学生读懂、读透文本,在学习语言知识和构建语篇架构中发展学生的阅读技能,训练其思维品质,为写作做准备。（感知与注意、获取与梳理）

| 根据鱼骨图,复述两人做家务的一天(应用实践) | Tasking (鉴赏阅读) | **Step 4：Retell their days for chores**
模仿第一篇思维导图,完成第二篇短文的思维导图的制作。
T：First, let's make the mind map in groups.
借助思维导图复述文章。
T：You did a great job. Please retell Nancy's day for chores with the help of the mind map. You can work in groups. |

设计意图:借助思维导图搭设语言支架,借助鱼骨图帮助学生复述语篇,既要求学生掌握文本信息,又进一步加深了他们对文本的理解,是进一步内化语言的过程,同时也可以助力写作思路。（描述与阐释、内化与运用）

续表5-2

教学目标	教学环节	学习活动
根据 Li Yan 做家务的一天,按照时间顺序介绍她的一天并简要评价(迁移创新)	Tasking (写作任务)	**Step 5:Writing** 观看 Li Yan 的劳动视频,简要阐述 Li Yan 所做的家务。 T:Let's watch a video about my student Li Yan. What does she usually do on the weekend? S1:In the morning,she usually makes the bed. S2:Then,she cleans the clothes. S3:After dinner,she washes the dishes. T:Does she like doing chores or not? Ss:She likes doing them.
根据 Li Yan 做家务的一天,按照时间顺序介绍她的一天并简要评价(迁移创新)	Recording (独立写作)	**Step 6:Write about Li Yan's day** 根据教师提供的模版,结合之前的口头练习,独立完成作文 Li Yan's day for chores。 Writing Li Yan's day for chores head After getting up, she makes the bed When Who What body tail
根据 Li Yan 做家务的一天,按照时间顺序介绍她的一天并简要评价(迁移创新)	Assessing (评价修改)	**Step 7:Assessing time** 学生根据评价要点,对文章进行修改、润色。 T:If you finish your writing,please check it with the assessment. Assessment: (评价标准) 1.Topic 2.Content 3.Structure 4.Spelling 5.Gramma 1.主题明确 2.内容充实 3.结构完整 4.拼写正确 5.语法规范

续表5-2

教学目标	教学环节	学习活动
根据 Li Yan 做家务的一天,按照时间顺序介绍她的一天并简要评价(迁移创新)	Communicating(展示交流)	**Step 8:Let's share** 学生上台展示自己的作文。 T:It's time to show your writing. OK, you please. … T:What do you think of her writing? S1:I think the writing is good. T:Can you tell us the reasons? S1:First, the topic is about Li Yan's day for chores, and she writes many things Li Yan do that day. Then there is the head, body and tail in this writing, and the structure is right. So I think this writing is good.
设计意图:此部分展开写作教学,要求学生根据语篇内容,结合鱼骨图概念,按照正确的格式有逻辑地描写 Li Yan 做家务的一天。在鱼骨图与语篇的帮助下,学生可以以"head-body-tail"的写作框架完整地描写 Li Yan 做家务一天的经历。对他人的作品进行评价,有利于提高学生的批判性思维,从而实现相互学习、取长补短的效果。分享阅读,增强读者意识,也是一次英语交际运用的实践活动。(想象与创造)		
观看一段关于"Five-year plan for young pioneers"的视频,共情争做家庭和老师的小助手,探讨自己的小五年规划(迁移创新)	Thinking(主题升华)	**Step 9:Watch and share** 观看一段关于"Five-year plan for young pioneers"的视频,鼓励同学们争做家庭和老师的小助手,争取实现自己的小五年规划。 T:After this video, what do you want to do in five years? S1:I want to try my best to help my mother. I think I can tidy my bed and wash the dishes. S2:I want to learn how to be a helper. I want to help the teachers. I can clean the classroom or the teachers' office. … T:You're so helpful. Hope your plans come true.
设计意图:学生分享过自己的作文之后,对"家务与义务"这一话题有了更深的理解,之后教师及时引导学生观看与主题意义相关的视频,思考自己的规划,继续结合自己的实际情况进行主题讨论,进一步深化对主题的理解,真正做到学以致用。		

续表 5-2

教学目标	教学环节	学习活动
Homework		1. Send me your video "My day for chores" to my DingTalk. 2. Please write "My day for chores" with the help of the mind-map. ＿＿＿＿＿＿　head ＿＿＿＿＿＿＿＿＿＿＿ ＿＿＿＿＿＿＿＿＿＿＿　body ＿＿＿＿＿＿＿＿＿＿＿ ＿＿＿＿＿＿＿＿＿＿＿　tail
Blackboard Design		Phrases bank： In the morning　　sweep the floor Then　　　　　　wash clothes In the afternoon　water the plants Before dinner　　feed the pet dog After dinner　　　does the dishes Five-Year Plan ☺☺☺ ☺☺☺

【案例5-3】人教版(三年级起点)六年级(下册)

Unit 4   Where did you go?
Read and write

1. 语篇内容

Saturday, April 23rd

　　Today was a sunny day. In the morning, we rode a bike for three people. Max sat in a basket on the front of the bike. That was fun! We took pictures of the beautiful countryside. We bought some gifts and ate some delicious food.

　　In the afternoon, Mum ate some bad fruit and didn't feel well. So we stayed in the hotel. Dad and I wanted to make her happy. We dressed up and made a funny play. Robin played the part of a dog. He was so cute. Max liked him so much. He jumped on him and licked him. Of course, Robin didn't like it. We laughed and laughed.

　　It was a bad day but also a good day!

2. 语篇研读

　　What　该语篇围绕吴斌斌上周六一天的活动展开。吴斌斌一家一起去了乡村,他们度过了一个愉快的上午。下午斌斌的妈妈不舒服,斌斌一家人做了很多有趣的事情使

妈妈开心。他们度过了既糟糕又美好的一天。

Why 作者描述了斌斌一家人通过一个对策将糟糕感受转化为美好的经历,引导学生思考,遇到问题时,应以积极的心态转坏为好,提升学生解决问题的能力,并让学生体会到事情会有转坏为好的可能。

How 本语篇是叙事性日记,图片描述了吴斌斌和 Max 的相遇过程,通过图片学生能够更加深入地理解文本。该语篇有三个段落,分别描述了斌斌一家人上午、下午发生的事情和总体感受。文章通过日记体常见的时间顺序展开,使用一般过去时,生动地展现了斌斌一家过去一天丰富多彩的活动以及由好到坏又到好的心情。作者使用了表示时间顺序的词汇,如 in the morning, in the afternoon;描写一天活动的短语如 rode a bike, took pictures, bought some gifts, ate some delicious food 等,并注重对感受的描写,如"That was fun! laughed and laughed!"最后总体描述"a bad but also a good day"。

3. 教学目标

通过本课的学习,学生能够:

①获取并梳理吴斌斌日记中的信息,形成知识结构图(学习理解);

②能够根据思维导图,站在斌斌的角度,复述日记(应用实践);

③能够思考如何面对困境,转坏为好,并联系个人生活,分享相似经历并以日记的形式记录和讨论(迁移创新)。

4. 教学流程（图 5-19）

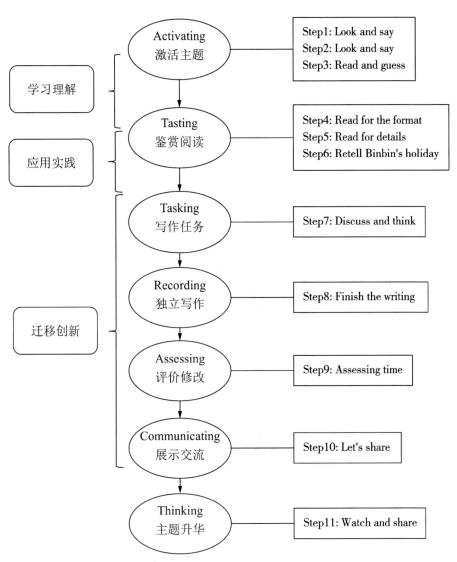

图 5-19　教学流程

5. 教学过程(表5-3)

表5-3 教学过程

教学目标	教学环节	学习活动
获取、梳理吴斌斌日记中的信息,形成知识结构图(学习理解)	Activating (激活主题)	**Step 1:Look and say** 学生观察教师假期游玩图片,以"What did the teacher do?"为题讨论教师的假期活动,复习旧知。 **Step 2:Look and say** 观察吴斌斌的照片,以对话的形式讨论吴斌斌的爱好,从而引出吴斌斌的假期活动。 T:Who is he? Ss:He is Binbin. T:Right. He likes traveling with his family. He likes sending the WeChat moment. Let's take a look. What did he do? Ss:He ate fresh food,went swimming… **Step 3:Read and guess** 学生进一步观察吴斌斌的假期活动的照片,猜测斌斌和小狗 Max 相遇的故事并尝试进行描述。继而在教师的引导下,思考"斌斌这一天怎么样?"这一问题,逐步引出 a bad but a good day。 T:There is another one in the picture. Who is it? Ss:A dog. T:Yes, it's the dog Max. But how did Binbin meet max? What do you think of the day?
获取、梳理吴斌斌日记中的信息,形成知识结构图(学习理解)	Tasting (鉴赏阅读)	**Step 4:Read for the format** 快速浏览语篇,总结归纳语篇类型及格式。教师引导学生总结日记的格式:date and body。 T:What is the type of the passage? Ss:It's a diary. T:How do you know that? Ss:I can see Saturday April 23rd. T:So when we write a diary,we need the date and the body. (教师呈现日记格式)

续表5-3

教学目标	教学环节	学习活动
获取、梳理吴斌斌日记中的信息,形成知识结构图(学习理解)	Tasting (鉴赏阅读)	**Step 5:Read for details** 找出语篇类型以后,教师引导学生自主思考想要了解的日记内容。学生在进行猜测后,细读日记,找出问题的答案。 T:What do you want to know about Binbin's diary? Ss:When did he write the diary? Where did they go? Who did he go with? How was the weather? T:Now let's read and find the answers. (Students read quickly and underline the answers) T:And what did they do in the morning and in the afternoon? (Students read quickly and underline the answers.)

设计意图:Activating 环节以学生非常熟悉的朋友圈开始,激活学生对假期活动的有关知识储备,为本节课的主题阅读与写作奠定基础。Tasting 环节引导学生在速读和细读中逐步理解文章内容,学习文章中的核心词汇和句型表达。并且在一步步地任务中运用合适的阅读策略提取、梳理、归纳语篇中的关键信息,初步感知语篇所依托的主题意义。(感知与注意、获取与梳理)

教学目标	教学环节	学习活动
能够根据思维导图,站在斌斌的角度,复述日记(应用实践)	Tasting (鉴赏阅读)	**Step 6:Retell Binbin's holiday** (1)Listen and imitate T:Let's listen and imitate. Pay attention to your voice. Try to be confident,loud and clear with emotion. (2)Retell Binbin's holiday T:Can you retell Binbin's holiday? You can use the mind map. Let's retell together. 学生根据思维导图,回顾日记内容。

续表5-3

教学目标	教学环节	学习活动
		设计意图:学生通过跟读模仿复述,进一步理解文章内容,内化语言,为意义探究、态度形成奠定基础。通过阅读,搭建语言支架,形成写作思维导图,助力写作思路;整个听说读过程中的语言知识,可以作为后续写作的素材(描述与阐释、内化与运用)
能够思考如何面对困境,转坏为好,联系个人生活,分享相似经历并以日记的形式记录和讨论,并做简要评价(迁移创新)	Tasking（写作任务）	**Step 7:Discuss and think** Discuss and finish the mind map. T:Do you have a bad but good day? What happened? Please discuss with your partner and finish your worksheet.
	Recording（独立写作）	**Step 8:Finish the writing** Write a diary about your own bad but good day with the help of the mind map.
	Assessing（评价修改）	**Step 9:Assessing time** 学生根据评价要点,对文章进行修改、润色。 T:If you finish your writing,please check it with the assessment.
	Communicating（展示交流）	**Step 10:Let's share** 教师挑选具有代表性的作品,请学生上台进行展示。 T:It's time to show your writing. OK,you please. …… T:What do you think of her writing? S1:I think the writing is good. T:Can you tell us the reasons? S1:First,it is about his own bad but good day. There is the date and the body. It has when,where,what,and how. So it is good.

Assessment

Format	It is a **diary**. It has the **date** and **body**.	Yes No
Deatils	It has **when, where, how** and **what**.	Yes No
Wrtings	**Beautiful writing** and **no mistakes.**	Yes No
Topic	It is a **bad but good day.**	Yes No

续表5-3

教学目标	教学环节	学习活动
	Thinking（主题升华）	**Step 11：Watch and share** 读写任务完成后，学生观看一段关于"塞翁失马"的视频，鼓励同学们积极讨论所观所感。
设计意图：此部分展开写作教学，要求学生根据语篇内容，结合思维导图，正确使用日记格式，从 what，when，where，how 等方面详细描写学生自己的 bad but good day。通过讨论完成思维导图这一任务，学生可以相互学习、相互启迪，在合作讨论中形成自己的写作思路，为书面表达做准备。对他人的作品进行评价有利于锻炼学生的批判性思维，从而实现相互学习、取长补短的效果。通过讨论，学生能够明白凡事都有好坏两面，在我们的努力下，坏事也能转化为好事。		
Homework	基础作业 1. Listen and read the passage fluently. 2. Write an article and introduce the things that your family did last weekend. 扩展作业 Watch *Good Luck Charlie* and record her day.	
Blackboard Design	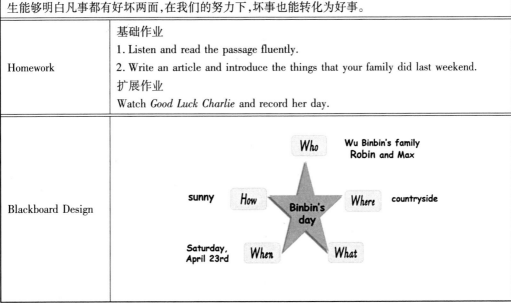	

第六章 小学英语阅读教学

国家大力提倡教育改革,旨在培养学生的核心素养和综合能力。通过阅读,学生不仅可以扩大词汇量,提高语言表达能力,还能了解不同国家的文化和历史,拓宽视野,培养跨文化交流能力。同时,阅读还能激发学生的想象力和创造力,培养他们的思维能力和自主学习能力,为未来的学习和生活做好充分准备。

小学阶段,义教新课标在一级(3—4年级)学业质量标准中指出,学生能通过配图故事等语篇材料了解世界主要国家的风土人情;在阅读配图故事、对话等简单语篇材料时,能积极思考,尝试就不懂之处提出疑问。在二级(5—6年级)学业质量标准中指出,学生能通过简短语篇了解世界主要国家的生活习俗、饮食习惯、文化传统等,初步比较文化异同;在阅读相关主题的语篇材料时,能梳理人物、场景、情节等信息,独立思考,提出个人见解;能流利地朗读课内所学语篇,发音清晰,语音、语调基本正确。

一、小学英语阅读教学定义

小学英语阅读教学是指在小学阶段,以阅读绘本、故事、纯文本等语篇为基本形式的教学活动,其主要目的是培养学生运用问题引领、思维可视化、读写结合等方式,从语篇中获取和梳理信息、加工和运用信息、迁移和创新信息,从而逐步培养学生良好的语言能力、文化意识、思维品质和学习能力等核心素养。

二、小学英语阅读教学特点

根据义教新课标一、二级学业质量标准在阅读方面的要求,结合小学阶段学生的身心发展水平,小学英语阅读教学具有整体性、综合性、实践性和思维性四个方面的特点。

1. 整体性

阅读教学中,语篇通常是完整的故事情节或连贯的主题内容,这有助于学生形成对阅读材料的整体认知。阅读教学中,教师要注重引导学生从整体上把握阅读材料,理解文章的主旨大意。教师在设计教学活动时,应注重整体性的教学方法,比如通过整体阅读、整体理解、整体复述等方式,培养学生的整体阅读能力。

2. 综合性

阅读教学中,语篇主题和内容涉及学生生活的方方面面,文体形式也丰富多样。教师在开展阅读教学时,需要根据不同的语篇特点设计不同的教学活动,通过综合问题引领、思维可视化、读写结合等方式,从听、说、读、写、看等多个方面培养学生的综合语言能力。

3. 实践性

阅读不仅仅是一种认知活动,更是一种实践活动。在小学英语阅读教学中,学生从语篇中获取和梳理信息、加工和运用信息、迁移和创新信息,将阅读与实际生活相结合,解决实际问题。通过实践活动,学生能够更好地将阅读内容与实际生活相联系,从而提高其阅读能力和语言运用能力。

4. 思维性

阅读是一种复杂的思维活动,在小学英语阅读教学中,教师引导学生基于语篇进行深入的理解、分析、比较、批判、评价和创造等思维活动,使学生能够在阅读中发展思维,在思维中推进语言的学习。引导学生初步从多角度观察和认识世界、看待事物、表达观点、辩证创新。

三、小学英语阅读教学策略

1. 营造氛围,唤起阅读期待

开展阅读教学时,良好的阅读氛围和情境是十分重要的。通过阅读氛围的营造以及情境的创设,学生能够建立已知和未知的关联;通过对情境的感知,学生能够大致了解文本,如语篇的主题、内容、文体、结构以及语言特点等。教师可通过教学环境的创设、教具的选用、声音的渲染、服装装扮、灯光变换等教学手段创设沉浸式阅读环境,并通过不同的教学活动激发学生的阅读兴趣,引导学生形成阅读期待。

【课例6-1】绘本阅读教学:外研社《科林英语》(第一级)"A Place to Live"教学片段

教师用直观形象的图片直接引入主题并配以生动的 TPR 动作引导学生感知高频词汇语义。

T:Let's go to some beautiful places. Look,a beautiful sea. I want to live here. Do you know who lives here?

S1:A fish.

S2:A shark.

S3:A snake.

…

教师出示三张图片让学生感知 place 的语义,TPR 动作辅助呈现 live 的语义,引入环节潜移默化地带入文本关键词,并对绘本主题 *A Place to Live* 和文体有大致的理解,开放性问题引导学生积极、大胆猜测,形成阅读期待。

来源:权晓娟(河南省实验学校郑东小学)

【课例6-2】绘本阅读教学:外研版《科林英语》(第二级)"I Am Wet"教学片段

教师和学生打招呼,一起唱自编歌曲,引导学生放松心情,初步浸入阅读情境。

T:Good morning,boys and girls. So happy to see you. Let's sing a song together.

Ss:Okay!

T:Good morning,good morning…

教师播放绘本中出现的动物声音,引出本节课的阅读话题。

T:Now,please listen to the sound and tell me what animal it is.

S1:A bird!

S2:A hen!

通过打招呼互动、课前一支歌以及听音辨物小游戏等教学活动,创设沉浸式阅读环境,引导学生唤醒关于动物的已知,形成对故事的阅读期待。

来源:吴哲(河南省实验学校郑东小学)

【课例6-3】文本阅读教学:人教版(一年级起点)五年级(上册)"Animals"教学片段

教师和学生打招呼,通过向老师提问的方式,猜测"What's my favourite animal"。

T:Good morning,guys! Here is a picture of my favourite animal. Can you guess what is it? You can ask me questions like What color is it? Does it have…? How many…does it have? Is it a/an…

S1:What color is it?

T:It's white.

S2:How many legs does it have?

T:It has four legs.

S3:Is it a rabbit?

T:Yes,it is. Good job! Now,it's your turn to guess. Read the following sentences and guess what animal it is.

学生自主阅读和本课相关的两种动物的简短介绍,猜测将要学习哪些动物。

S1:It's a tiger.

S2:It's a penguin.

T:You are right! Do you like them? We have some children who like them,too. Let's find out who they are and what animals they like.

课前通过猜一猜的游戏,调用学生关于该话题的已知背景知识,将所学知识和新授内容形成链接,为下一步阅读做铺垫,使学生形成阅读期待。

来源:吕蓓（郑州经济技术开发区朝凤路小学）

2. 聚焦图文,梳理阅读内容

培养学生的自主阅读能力是阅读教学的根本任务。了解阅读步骤,关注包括图文在内的相关语篇信息是开展自主阅读的前提。教师可根据教学对象、教学内容和教学目标的区分,选择不同的教学模式,引导学生使用 Skimming,Scanning 等不同的阅读技巧,运用思维导图、表格等学习工具,在看、听、读等活动中提取、整理、建构语篇传递的信息,逐步提升学生的语言能力和阅读能力。

【课例6-4】绘本阅读教学:外研社《科林英语》(第二级)"I Am Wet"教学片段

教师引导学生观察绘本前后封面,引导学生关注阅读顺序,注意前后封面上的图文信息。通过学生的回答,初步生成主体板书。

T:Look,this is the cover of the book. Please look at the pictures. What do you know from the picture?

Ss:I can see a bird/nest…

T:What's the English title of the story?

S1:I Am Wet.

T:Who is the author? Why does the book have a title "好心办坏事"?

Ss:Jill Eggleton…

教师基于绘本封面信息进行设问,引导学生关注阅读顺序,按照封面、标题页、封底,从图片到文字的顺序阅读本书前后封面信息,了解书的组成,初步养成完整规范的阅读习惯;同时引导学生确认本书的主要角色以及故事发生的情境。

【课例6-5】文本阅读教学:人教版(一年级起点)五年级(上册)"Animals"教学片段

学生结合图片信息,初读文本,梳理文本内容,完成表格。(图6-1)

Category	big animals		cute animals	
Name	Tony	Bob	Amanda	Sally
Favourite animal	tiger	elephant	panda	penguin

图6-1　完成表格

T:Let's read the passage and find out who are the children and what animals do they like. Fill in the chart on your worksheet.

S1:Tony likes tiger. Bob likes elephants.

S2:Amanda likes pandas. Sally likes penguins.

T: Well done! Let's read the passage closely and find out what they know about these animals. Let's fill in the information cards below and share it with your partner.

(After sharing...)

学生根据所填信息卡内容,运用核心语言进行复述。

T: Can you try to use the key sentences we learned today to retell one of the animals that the kids like?

S1: Sally likes penguins. It lives on the ice. It eats small fish. It is black and white.

S2:...

通过填写表格完成信息卡这一活动,学生梳理文本的主要信息,在此过程中,学生进一步感知核心语言知识;通过复述,学生将所学语言知识进行内化,建立知识结构。

来源:吕蓓(郑州经济技术开发区朝凤路小学)

【课例6-6】故事阅读教学:人教版(三年级起点)五年级(上册) "Unit 5 There is a Big Bed"中"Part C Story time"教学片段

学生在图片和教师的帮助下获取故事关键信息,梳理故事发展过程,小组合作完成表格。(图6-2)

Who	Yes/No	Why
Bird	No.	He is busy.
Bear	No.	He is naughty.
Rabbit and Monkey	No.	They are late for school.
Mr Fish and Ms Fish	Yes.	They are kind.
Zip an Zoom	Yes.	He is help.

图6-2 完成表格

Show a picture and ask:

T: What do you want to know about the story?

　　Who does the can meet?

　　Students read and finish the worksheet:

T: Do they help the can? Why?

通过观察图片及预测后看视频、读一读、完成表格这一系列活动,学生能够在图片和教师提供的阅读方法的帮助下梳理文本的主要信息,将复杂的故事内容系统化、知识结构化,为理解故事,以及后面的表演复述故事和讨论故事做好铺垫。

来源:杨小钰(郑州市管城区外国语牧歌小学)

3.巧用活动,初探阅读意义

根据教学对象的不同需求以及教学内容的不同特点,在充分挖掘语篇内容的基础上,设计逻辑关联的问题链或阶梯式的阅读任务,有利于学生养成分析、归纳以及推理能力,提升其文化意识和思维品质。教师可利用逻辑关联的问题链,帮助学生开展指向主题意义探究的深度思考,为学生逐步探究主题意义打下基础;也可设置深入语篇、层层递进的任务,一方面引导学生巩固基于语篇的结构化知识,另一方面引导学生积极思考,尝试挖掘语篇背后的功能、内涵和细节。

【课例6-7】绘本阅读教学:外研版《科林英语》(第一级)"A Place to Live"教学片段

教师利用绘本图片展开教学活动,层层递进、巧妙设问,激发学生思维,进行图片环游。利用开放性问题,让各种程度的学生都能参与进来,同时配以简短视频及简要科普知识,吸引孩子们利用已有知识储备自信表达。(图6-3)

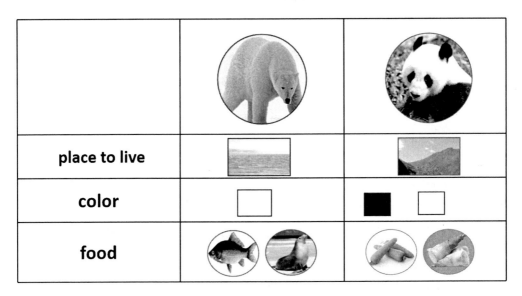

图6-3 比一比

T:I will show you a picture,what is it?

Ss:It's black/an Arctic/a moon/circle…

T:I will show you more. What is it?

Ss:It's the North Pole.

T:Is it a cold place or warm place?

Ss:It's a cold place.

T:Yes,we can see ice and snow. It's a very,very cold place. Do you know who lives here?

Ss:It's a fox/fish/shark/dolphin…

T:What color is it? What's it doing?

Ss:It wants to eat.

T：I think it's hungry. What does it like eating?

Ss：It likes eating fish／small animals…

T：It likes eating fish，seals and so on.

T：It's very cold on the ice. We can put on a lot of clothes to keep warm. How about this bear? How does it keep warm? Let's watch the video.

T：Do you know the answer，how does it keep warm. Great. It has the thick fur.

教师通过由浅入深的问题链，这是什么？是哪里？温度怎么样？谁住在这里？它喜欢吃什么？等帮助学生挖掘图文信息，激发学生的思维。已知、新知都可以复现，教师可利用简单语言或视频等方法适当增添科普知识。

T：Let's compare.

基于图文信息，通过分析比对，对同种类动物进行小结复述，在总结过程中不仅再现了主要文本，而且引导学生了解更多绘本之外的信息，从而拓展了科普知识面。

来源：权晓娟（河南省实验学校郑东小学）

4. 开展实践，发散阅读思维

多样化、自主化的语言实践活动，能够帮助学生内化吸收语言知识，提升学生的语言技能。在阅读教学中，开展形式丰富且有意义的语言实践是十分有必要的。教师可设计角色扮演、情景模拟、复述语篇、调查访谈等活动，拓宽阅读范围，引导学生尝试在真实语境中运用语言。教师也可鼓励学生发挥创意，续编、改编、创编文本，有效延伸阅读语篇，引导学生在主动积极的交互学习中将结构化的语言知识转换为语用能力，进而拓展阅读思维空间。

【课例6-8】绘本阅读教学：外研版《科林英语》（第一级）"A Place to Live"教学片段

教师利用动物头饰和居住地背景图，再现不同动物和不同居住地场景，让学生扮演已知和初学小动物的动作并用主功能句描述居住地。

T：Let's help these animals to find the place to live. Who lives here?

S1：This dog lives here.

S2：This lion lives here.

S3：This fish lives here.

…

通过以上游戏互动，更多同学参与进来，根据板书语言支架，及时巩固句型This _____ lives here. 该游戏过程不仅使学生新旧知识交融，同时帮助其梳理文本信息，又使其联系生活实际，达到了语用目的。为今后相关主题的阅读进一步拓展了思维空间。

来源：权晓娟（河南省实验学校郑东小学）

【课例6-9】绘本阅读教学：外研社《科林英语》(第二级)"I Am Wet"教学片段

学生整体跟读文本录音，关注自身读音的准确性，深度品味文本关键词以及不同角色的语调。

T：Now，let's listen and repeat the story sentence by sentence. Try to imitate and remember the key words and different intonations of the animals.

教师引导学生自行/同伴练习朗读故事，关注故事中小动物的声音和动作。

T：Can you read the story by yourselves/ with your partners? You can choose one of the animals and act like them.

教师引导学生充分品读故事的同时，让小组内练习表演故事并进行展示。

T：Now you can act out the story in your groups. Then let's show it to our classmates.

教师基于学生已形成的结构化知识，引导学生开展听读、朗读、小组讨论、角色扮演、表演故事等语言实践活动，帮助学生品味语言的魅力，感悟语言背后蕴含的价值，内化语言知识，并把知识转化为能力。

来源：吴哲（河南省实验学校郑东小学）

【课例6-10】文本阅读教学：人教版(一年级起点)六年级(上册)"In China"教学片段

教师引导学生利用板书设计，鼓励学生结合表格复述课文。

通过此部分教学活动，基于理解复述课文，能培养学生的语用能力，学生既要了解故事情节，又要组织表述语言，在熟练运用已学语言的同时，适时加入自己的语言，锻炼和发展其概括、分析、判断等能力。

来源：胡煜（郑州经济技术开发区朝凤路小学）

【课例6-11】故事阅读教学：人教版(三年级起点)五年级(上册)
"Unit 5 There is a big bed"中"Part C Story time"教学片段

Listen and imitate.

Work in groups，and choose pictures that you like and act it out.（图6-4）

Work in groups，act out the whole story.（图6-5）

该部分的学生活动，让学生基于自己对故事的理解，来尝试表演部分情节，或者小组合作表演整个故事，从而能够有效内化故事中所学的核心语言，并且能够在这项具体的语言实践活动中切实提升其综合语用能力。

图 6-4 Group work   图 6-5 Group work

来源：杨小钰（郑州市管城区外国语牧歌小学）

5. 慧思寓意，阅读赋能生活

在英语阅读中，发散思维、学会探究并解决问题也同样重要。超越语篇的开放性任务能够激发学生的探索热情。结合生活实际的讨论或实践更能够提升学生解决实际问题的能力。教师可尝试将阅读文本迁移到贴近学生的生活情境中，通过设置超越文本的凝练性问题引发学生思考，有目的地引导学生用全面的眼光评价语篇蕴含的主题意义，做出正确的价值判断，并尝试解决生活中的实际问题。通过生活情境的迁移，引导学生利用所学多角度看待世界，促进学生文化意识提升，培养学生的核心素养。

【课例 6-12】绘本阅读教学：外研社《科林英语》（第一级）"A Place to Live"教学片段

通过对课时教学内容居住地的总结，启发学生思维发散，进行主题升华。

T：Different animals live in different places. Where do you live?

Ss：I live in Zhengzhou/China/on the earth.

T：We live on the earth. We should protect the earth, our place to live.

Homework（乐学与探究）

1. Read the picture book to your parents.

2. Draw a picture where you live.

通过板书总结对比动物的居住地，引导发散思维并联想自己生活的家园，树立爱护动物和保护地球的意识。所布置的课后任务将课堂延伸落到实处，使学生进一步巩固所学，提高学生的学科综合素养。

来源：权晓娟（河南省实验学校郑东小学）

【课例 6-13】绘本阅读教学：外研社《科林英语》（第二级）"I Am Wet"教学片段

教师戴上"眼镜"，坐在"作者椅"上，扮演本书的作者；通过"作者椅"活动，引导学生和"作者"进行对话讨论,促进学生深度思考文本背后的意义。

T:Wow,you really act the story well. Thank you,kids. Now do you have any questions about the story or the characters?

教师通过设问,迁移情境,引入新角色小鸭子和鸵鸟,通过引导学生思考小鸭子和鸵鸟的体型,延续故事,进一步引导学生进行价值判断。

T:If you were the bird,what would you say and do when there comes a duck or an ostrich?

(通过此部分教学活动,有目的地引导学生进行深度思考,总结出故事作者想要表达的道理,自然地达成故事的育人价值,促进学生语言能力的和思维能力协同发展)

来源:吴哲(河南省实验学校郑东小学)

【课例6-14】文本阅读教学:人教版(一年级起点)六年级(上册)"In China"教学片段

教师指导学生设计城市卡片,做城市代言人,互相交流一个自己喜欢的城市,并描述这个城市的情况,表达自己对中国城市的了解及热爱之情。(图6-6)

T:Choose a city you like,write down the information on the card,and talk about the city in your group.

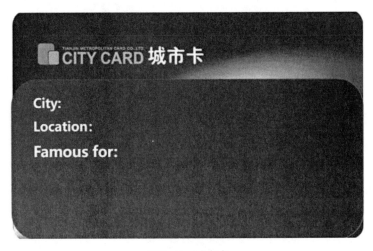

图6-6 城市卡

通过此部分教学活动,学生在真实的生活情境中迁移创新,用自己的语言表达,在说的基础上进行有意义的书写活动,强化良好的英文表达能力,提高综合语言运用能力。

来源:胡煜(郑州经济技术开发区朝凤路小学)

【课例6-15】故事阅读教学:人教PEP 五年级(上册)
"Unit 5 There is a big bed"中"Part C Story time"教学片段

T:What can we learn from the story?

Ss:Help others.

Ss: Put things in the right place.

T: Let's put things in the right place.

本阶段学习活动旨在帮助学生在迁移的语境中,创造性地使用语言,能够在提示词和句子的引导下与他人交流自己的看法,能对故事进行简单的评价,能对物品进行合理的归置,能结合实际生活整理自己的物品以及书包文具等,激发学生独立思考的积极性,提升学生保护环境的思维品质。(图6-7)

图6-7　合理归置物品

来源:杨小钰(郑州市管城区外国语牧歌小学)

四、小学英语阅读教学模式

(一)模式解读

小学英语阅读课是英语教学中的常见课型,通过阅读各种形式的语篇,教师引导学生获取信息、整理信息、处理信息、加工信息和利用信息,从而培养学生良好的阅读习惯、阅读能力和阅读品格,进而培养学生的核心素养。但传统的英语阅读教学方法往往只强调学生对词语和句子的理解,忽视了对整体语境的把握和阅读能力的培养,以及对学生思维品质发展的引导等。这种教学方式难以激发学生的兴趣并提高学生的阅读能力,学生通常会对英语阅读课兴趣不高,缺乏主动性和积极性。

基于以上问题和现状,我们建构出小学英语"I-READ"阅读课教学模式。此模式分为五个步骤:Introducing——引读;Reading——悦读;Exploring——解读;Appreciating——品读;Distilling——慧思。五个步骤的首字母刚好组合成"I-READ",这与阅读教学中的灵魂"我会阅读"观念高度契合。

在实际教学中,由于语篇类型的不同,阅读教学在具体实施时可根据教学需要进行适当调整。本章节将重点介绍绘本阅读教学、文本阅读教学和故事阅读教学。

1.绘本阅读教学

英语绘本包含封面、标题、文字作者、插图作者、扉页、封底等书籍信息,内页还含有丰富的能够充分体现细节的插图。英语绘本阅读通过图文结合的方式,为学生提供丰富的阅读体验,不仅能够激发学生的英语学习兴趣,还能更好地培养学生的综合素养。教师可以引导学生通过有意识地观察这些信息,来获取故事的细节、梳理故事的脉络、推测故事发展的走向。我们建构的"I-READ"绘本阅读课教学模式可以包含以下五个具体教学步骤:

(1) Introducing 引读(激趣引入,感知预测)

引读部分就是我们通常所说的教学设计的引入部分。在绘本教学中,引读活动是为了激发学生的学习兴趣,将他们的思维引入到本节课将要学习的绘本中,同时引导他们初步感知绘本,尝试预测绘本内容。

在引读部分,教师通过创设情境,帮助学生建立已知和将要学习内容的关联,激发学生对绘本阅读的兴趣。学生可通过情境的创设、感知和了解故事的大概背景、主要人物或故事发生地点。教师可通过班级环境的创设、教具的使用、服装装扮、灯光变化、声音的渲染等创设沉浸式阅读环境,并通过设计教学活动激发学生对绘本的兴趣或引起学生的思考。

(2) Reading 悦读(图文结合,悦读情节)

这个部分中,阅读和悦读有点多,读起来好像让人有点混乱。

悦读就是我们通常所说的绘本教学的主体部分,也就是学生阅读绘本的过程。在绘本教学中,悦读活动是为了帮助学生了解阅读步骤,聚焦绘本图文信息,悦读绘本情节。引导学生了解阅读步骤,关注观察图片信息。在悦读部分,教师可以引导学生确认本书的主要角色以及发生情境;同时提醒学生关注绘本封面以及封底关键信息,培养完整规范的阅读习惯,为后期自主阅读挑选合适的书籍打下基础。在读中帮助学生发展拼读技能,同样也是为了学生顺利进行自主阅读打基础。

在绘本阅读过程中,教师可以通过图片环游引导学生先观察图片,再阅读文本,以自己的语言、想象和理解来丰富故事;也可以通过 Shared Reading、Jigsaw Reading、Reading Circle 等多种形式,帮助学生基于文本建构知识。学生可以通过师生、生生互动式学习,通过看、听、读等活动理解绘本内容,并在老师的引导下,通过 Chant,Rap,Song 等适当形式突破学习重难点。

(3) Exploring 解读(深度阅读,挖掘内涵)

解读就是学习完绘本主体部分后所进行的 Summary。解读活动的设置,是为了引导学生深入阅读文本、挖掘绘本内涵。在解读部分,教师可以通过导读帮助学生感受、梳理故事发展的节奏。在绘本的高潮或转折部分,通过设计层层递进的问题链引发学生进行思考或对故事结局进行预判,为学生深刻理解主题打下基础。同时,在这部分活动中,教师也可以帮助学生在语境中学习语言知识和技能,获得相关文化知识、理解语言所表达的意义、形成新的知识结构。

（4）Appreciating 品读（朗读模仿,复述续编）

品读就是我们通常所说的绘本教学的语言朗读练习活动。品读活动的设置,是为了帮助学生品味语言、内化语言,为后续复述及创编故事做准备。在品读部分,教师可以基于上一步活动中学生已形成的结构化知识,引导学生开展语言实践活动,如听读、朗读、小组讨论、角色扮演、表演故事等。通过品读活动使学生内化已形成的结构化知识,帮助学生把知识转化为能力。

（5）Distilling 慧思（悟出寓意,升华主题）

慧思就是我们所说的绘本教学的育人价值的达成。在教学过程中,教师有目的地引导学生对语篇背后的价值取向、作者的写作态度或语篇中人物的行为进行思考和简要评价。同时,引导学生利用所学多角度看待世界,用所学知识解决生活中的真实问题。慧思活动的设置,是为了升华绘本主题,帮助学生体会故事背后隐藏的或者作者想要表达的寓意。

2. 文本阅读教学

小学阶段的文本阅读,侧重于通过阅读简单纯文本,或配以少量关键图片的阅读材料,培养学生的阅读理解能力、语言表达能力和思维能力,教学过程注重学生对文本内容的理解和分析。我们建构的"I-READ"文本阅读课教学模式具体教学步骤如下。

（1）Introducing 引读（引入主题,提问预测）

此部分通过创设主题情境引入主题。学生通过教师的引导结合主题相关的图片、图表等信息激活学生的知识储备,帮助学生建立已有知识经验和学习主题之间的关联,发现认知差距,明确问题并进行预测。通过激发学生的阅读兴趣,形成阅读期待。学生可通过提出与主题相关的问题、观察语篇配图等进行开放性预测。教师要结合学生的认知特点设计促进学生自主学习的阅读活动,驱动学生主动阅读并进行积极思考。

（2）Reading 悦读（图文结合,整体感知）

引导学生了解阅读步骤,关注观察图片信息。学生带着相关问题以及对语篇内容的预测,进入语篇整体阅读。教师可设计帮助学生解决疑问和验证预测的阅读活动,以此推动学生主动通过阅读寻求答案以及相关证据来验证预测。在阅读过程中,学生可通过图文结合或文本的主要信息提取交流有关语篇的主要内容和关键要素:主要人物、时间、地点、发生的事情等。

（3）Exploring 解读（整合信息,梳理结构）

教师可引导学生感受、梳理语篇的主要信息。在关键部分,可设计层层递进的问题链引发学生进行指向主题意义探究的深度思考,为学生逐步探究主题意义打下基础。通过师生共同解读,教师可以帮助学生在语境中学习语言知识和技能,获得相关文化知识,理解语言所表达的意义,形成新的知识结构。

（4）Appreciating 品读（表演复述,探究意义）

在品读教学环节,学生基于上一步活动中已形成的结构化知识开展语言实践活动及探究活动,如表演、复述、评价讨论等。通过活动使学生内化已形成的结构化知识,帮助学生把知识转化为能力,在此过程中通过教师的引导,学生逐步探究出语篇的主题意义。

（5）Distilling 慧思（升华主题,链接生活）

在教学过程中,教师有目的地引导学生运用所形成的知识结构,迁移至真实的生活情境中,以创造性地解决生活中的真实问题,同时引导学生利用所学,多角度看待世界,形成正确的价值观念。

3. 故事阅读教学

英语故事阅读教学,通过教师引导学生阅读不同主题和难度的英语故事,让学生接触到丰富的英语表达形式,同时了解不同文化背景下的思想和价值观。这些故事可能来自经典的童话故事、短篇小说、民间传说、当代文学作品等。教师可以根据故事内容设置各种互动环节,如角色扮演、小组讨论、复述故事等,以激发学生的阅读兴趣,提高他们的口语表达能力和合作能力。我们建构的"I-READ"故事阅读教学模式具体教学步骤如下:

（1）Introducing 引读（引入主题,提问预测）

在英语故事阅读的初始阶段,第一个环节是精心设计的引入主题环节。教师可以巧妙地以生动有趣的方式引出今天的故事主题,可能是通过一段引人入胜的背景介绍,或是展示与主题紧密相关的图片和视频。随后,教师可以鼓励学生根据已知信息,发挥想象力,对即将阅读的故事内容进行提问和预测。这一环节不仅能够有效激发学生的学习兴趣,还能培养他们的预测能力和思维能力,为接下来的深入阅读做好充分准备。

（2）Reading 悦读（图文结合,整体感知）

在英语故事阅读课的第二个环节,教师呈现故事的插图和文本,引导学生通过观察图片与阅读文字相结合的方式,对故事的整体内容进行初步感知。这种图文结合的方式有助于学生更加直观地理解故事情节和角色,同时也能够激发他们的想象力和创造力。在这一环节中,学生通过观察、思考和讨论,通过提取有效信息来交流有关故事的主要要素,如:时间、人物、地点、发生的事情、人物感受等。

（3）Exploring 解读（整合信息,梳理结构）

学生通过前两个环节已经对故事有了初步的了解和感知,此时,教师需要引导他们进一步深入阅读和思考,整合已知信息,并梳理故事的结构。学生可以通过分析故事的开头、发展、高潮和结尾,理解故事的逻辑关系和主要事件。这一环节不仅有助于加深学生对故事内容的理解,还能锻炼他们的逻辑思维和归纳能力,提升其阅读理解能力。

（4）Appreciating 品读（表演复述，探究意义）

在这一环节，表演复述和探究意义是深化理解的关键步骤。学生通过角色扮演或小组准备后复述的方式，将故事中的情节和角色生动地展现出来，这不仅增强了课堂的趣味性，还让学生更深入地体验和理解故事。接着，教师会引导学生探究故事背后的深层意义，如道德启示、文化价值等，帮助他们形成更全面的理解和评价。这一环节不仅提升了学生的口语表达能力，还促进了他们思维的深度发展。

（5）Distilling 慧思（升华主题，链接生活）

深入理解了故事内容之后，在最后环节，教师引导学生将所学主题与现实生活相联系，思考故事中的道理或价值观如何在生活中得以体现和应用。这一环节不仅有助于学生对所学知识的巩固和拓展，更能培养他们的批判性思维和实际应用能力。通过讨论和分享，学生能够更加深刻地理解故事所传递的深层意义，从而在日常生活中践行这些美好的价值观。

（二）案例分享

【案例6-1】绘本阅读教学：外研社《科林英语》（第二级）"I Am Wet"

1. 语篇内容

I Am Wet

"I am wet，" said Hen. Rooster.

Come up here!

Here I am.

Oooooh!

"I am wet，" said Rooster.

Come up here!

Here I am.

Oooooh!

"I am wet，" said Turkey.

Come up here!

PLONK!

I am wet!　I am wet!　I am wet!　I am wet!

---

2. 语篇研读

What 　该语篇是故事类绘本。主题是"要助人为乐的时候,也要从实际出发",不要好心办坏事。故事的内容是:在下雨天,一只好心的小鸟分别邀请被雨淋湿的母鸡、公鸡和火鸡到自己的鸟窝避雨,结果好心办坏事,小小的鸟窝承载不了那么多的动物,最后鸟窝塌了,它们一起掉进了池塘里。

Why 　语篇通过描述一个下雨天,小鸟与母鸡、公鸡和火鸡之间发生的故事,引导小读者领悟到助人为乐,但也要量力而行,否则容易好心办坏事的道理。

How 　该语篇属于记叙文,整个故事以小鸟与其他几只动物对话的形式进行呈现,语言简单明了,生动活泼,充满童趣。本书共 15 页,通过 7 个蝴蝶页展示故事发生的场景。配图色彩明亮,角色之间对比鲜明,为教师教学以及学生自读提供了有效的支持和帮助。

文本呈现的语言主要包括句型"Come up here""I am wet""Here I am"以及七个高频词 come,up,here,I,am,wet 和 said。三个句型的重复使用,使读者反复感知高频词以及主要句型,读者通过听、读、说等学习手段,能够运用三个句子复述故事,初步感知 hen,rooster,turkey 这三个名词。另外,读者能通过 PLONK 这一大写的语气词,感受到故事的转折。

3. 教学目标

通过本课的学习,学生能够:

①在看、听、说的活动中,获取、梳理故事中小鸟和母鸡、公鸡以及火鸡之间发生的故事(学习理解);

②在教师的帮助下,朗读、分角色表演故事(程度较好的学生可以尝试复述故事)(应用实践);

③简要评价故事中小鸟的做法,学生通过情境中增添的鸵鸟和鸭子进一步思考、判断(迁移创新)。

4. 教学流程(图6-8)

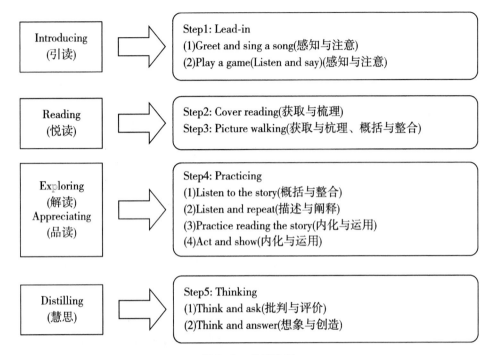

图6-8 教学流程

5.教学过程(表6-1)

表6-1 教学过程

教学目标	教学环节	学习活动
在看、听、说的活动中,获取、梳理故事中小鸟和母鸡、公鸡以及火鸡之间发生的故事(学习理解)	Introducing (引读)	**Step 1:Lead-in** (1)Greet and sing a song(感知与注意) 教师和学生打招呼,一起唱自编歌曲,放松心情,初步浸入阅读情境。 (2)Play a game (Listen and say)(感知与注意) 教师播放绘本中出现的动物的声音,引出本节课的阅读话题。
	Reading (悦读)	**Step 2:Cover reading**(获取与梳理) 教师引导学生观察绘本前后封面,引导学生关注前后封面上的图文信息。通过学生的回答,初步生成主体板书。 **Step 3:Picture walking**(获取与梳理、概括与整合) 教师引导学生观察图片,阅读文本,学生通过师生、生生互动式看、听、读等活动理解绘本内容,并通过 chant,rap,song 等适当形式突破学习重难点。

设计意图:本阶段 Step 1 教学活动对照 I-READ 模型中的"I—introducing"(引读)。教师通过打招呼互动、课前一支歌以及听音辨物小游戏等教学活动,创设沉浸式阅读环境,引导学生唤醒关于动物的已知,形成对绘本故事的阅读期待。同时大胆预测故事内容,为下一步"悦读"故事做好准备。Step 2-3 教学活动对照 I-READ 模型中的"R—reading"(悦读)。教师基于绘本封面信息进行设问,引导学生关注阅读顺序,按照封面、标题页、封底,从图片到文字的顺序阅读本书前后封面信息,了解书的组成,初步养成完整规范的阅读习惯;同时引导学生确认本书的主要角色以及故事发生的情境。教师针对故事的具体图文信息,通过问题串的设置,帮助学生读懂绘本的情节,锻炼学生从图文中提取关键信息的能力;通过拟声词和动作的提示,帮助学生代入角色,梳理故事细节,深入感受故事用语及用意;引导学生关注图片,区分气泡和双引号话语,感受标点符号传递的情感,引导学生发展拼读技能,帮助学生后续顺利完成阅读。此环节中,教师着重引导学生读懂文本、习得语言,在学习语言知识的基础上发展阅读技能,增进人文体验,提升思维品质。

| 在教师的帮助下,朗读、分角色表演故事,程度较好的学生可以尝试复述故事(应用实践) | Exploring (解读) | **Step 4:Practicing**
(1)Listen to the story(概括与整合)
教师整体播放绘本录音,学生整体听录音的同时,关注文本的语音语调。
(2)Listen and repeat(描述与阐释)
学生整体跟读文本录音,关注自身读音的准确性,深度品味文本关键词以及不同角色的语调。 |
| | Appreciating (品读) | (3)Practice reading the story(内化与运用)
教师引导学生自行或同伴练习朗读故事,关注故事中小动物的声音和动作。
(4)Act and show(内化与运用)
教师引导学生充分品读故事的同时,小组内练习表演故事并进行展示。 |

续表6-1

教学目标	教学环节	学习活动
设计意图:本阶段 Step 4 教学活动对照 I-READ 模式中的"E—exploring"(解读)和"A—appreciating"(品读)。本阶段教师基于学生已形成的结构化知识,引导学生开展听读、朗读、小组讨论、角色扮演、表演故事等语言实践活动,帮助学生品味语言的魅力,感悟语言背后蕴含的价值,内化语言知识,并把知识转化为能力。		
简要评价故事中小鸟的做法,学生通过情境中增添的鸵鸟和鸭子进一步思考、判断(迁移创新)	Distilling(慧思)	**Step 5:Thinking** (1)Think and ask(批判与评价) 教师戴上"眼镜",坐在"作者椅"上,扮演本书的作者;通过"作者椅"活动,引导学生和"作者"进行对话讨论,促进学生深度思考文本背后的意义。 (2)Think and answer(想象与创造) 教师通过设问,迁移情境,引入新角色小鸭子和鸵鸟,然后引导学生思考小鸭子和鸵鸟的体型,延续故事,进一步引导学生进行价值判断。
设计意图:本阶段 Step 5 教学活动对照 I-READ 模式中的"D—distilling"(慧思)。教师通过此部分教学活动,有目的地引导学生进行深度思考,总结出故事作者想要表达的道理,自然地达成故事的育人价值,促进学生语言能力和思维能力的协同发展。教师通过设计分层作业,让学生根据自己的喜好和学习情况,自主选择作业,让每个孩子的学习真正发生;作业的设计从课堂活动自然延伸至课外任务,为故事设计新结尾并发邮件给作者的任务能够激发学生的探索心,提升学生解决问题、自主学习的能力。		
Homework		You have three choices. (1)Listen to the audio and read the story. (2)Tell the story to your parents or friends. (3)Draw a new ending to the story and e-mail to the author.
Blackboard Design		

【案例6-2】绘本阅读教学：外研社《科林英语》（第一级）"A Place to Live"教学片段

1. 语篇内容

> **A Place to Live**
>
> This bear lives here.
>
> This bear lives here.
>
> This fox lives here.
>
> This fox lives here.
>
> This tiger lives here.
>
> This tiger lives here.
>
> This bird lives here.
>
> This bird lives here.
>
> This bird lives here.
>
> This bird lives here.

2. 语篇研读

What　该语篇介绍了熊、狐、虎、鸟四种动物及其生存家园，全书生动有趣，简单易学。学生可以通过图片对比了解到不同动物有不同的生存环境，在多彩的阅读中，学生能发散思维联想自己生活的家园，树立爱护动物和保护地球的意识。

Why　该语篇通过一幅幅对比鲜明的图片来引导读者得出不同动物居住环境也不同的科学结论。

How　该语篇由简单句组成，语言简单明了。语篇呈现不同动物的不同居住地。配图色彩明亮，不同动物之间的不同居住地对比鲜明，为教师教学以及学生自读提供了更加有效的支持和帮助。

文本呈现的语言主要是句型"This…lives here"以及七个高频词 live，here，bear，fox，tiger 和 bird。每幅图的句型都是重复使用，以便读者能反复听说和感知高频词。与此同时能够结合图片，感知不同动物居住地的不同。最后能通过整体感知，迁移创新，达到语用目的。

3. 教学目标

通过本课的学习，学生能够：

①在看、听、说的活动中，获取、梳理不同种类的动物居住地也不同（学习理解）；

②在教师的帮助下，通过对比区分出不同动物的居住地、气候特征及其体貌特征，并

利用主功能句表达已知动物的居住地(应用实践、迁移创新);

③通过总结动物居住地,能发散思维联想自己生活的家园,树立爱护动物和保护地球的意识(迁移创新)。

4. 教学流程(图6-9)

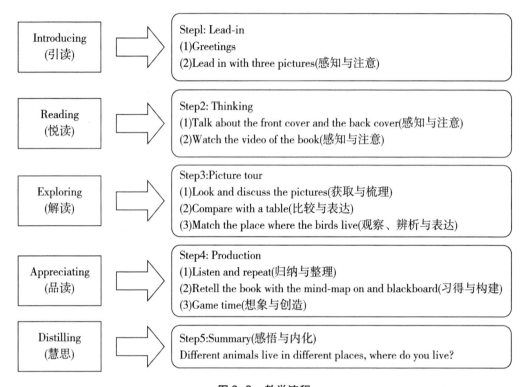

Introducing (引读)	⇒	Step1: Lead-in (1)Greetings (2)Lead in with three pictures(感知与注意)
Reading (悦读)	⇒	Step2: Thinking (1)Talk about the front cover and the back cover(感知与注意) (2)Watch the video of the book(感知与注意)
Exploring (解读)	⇒	Step3:Picture tour (1)Look and discuss the pictures(获取与梳理) (2)Compare with a table(比较与表达) (3)Match the place where the birds live(观察、辨析与表达)
Appreciating (品读)	⇒	Step4: Production (1)Listen and repeat(归纳与整理) (2)Retell the book with the mind-map on and blackboard(习得与构建) (3)Game time(想象与创造)
Distilling (慧思)	⇒	Step5:Summary(感悟与内化) Different animals live in different places, where do you live?

图6-9 教学流程

5. 教学过程(表6-2)

表6-2 教学过程

教学目标	教学环节	学习活动
能够在看、听、说的活动中,获取、梳理不同的动物居住地也不同(学习理解)	Introducing (引读)	**Step 1:Lead-in** (1)Greetings (2)Lead in with three pictures(感知与注意)

续表 6-2

教学目标	教学环节	学习活动
	Reading （悦读）	**Step 2：Thinking** （1）Talk about the front cover and the back cover（感知与注意） （2）Watch the video of the book（感知与注意）

设计意图：本阶段 Step 1 教学活动对应的是 I-READ 模式中 I-Introducing（引读）。教师用直观形象的图片直接引入主题并配以生动的 TPR 动作引导学生感知词汇 place 和 live 的语义，同时通过封面和封底让学生预测阅读内容，激发阅读兴趣。

Step 2 教学活动对应的是 I-READ 模式中的 R-Reading（悦读）。通过教师整体呈现绘本内容，让学生初步感知并了解大意，同时设计简单问题等手段创设阅读期待，初步提出阅读任务，引起学生的好奇心和完成任务的欲望，从而进一步为解读奠定基础。

教学目标	教学环节	学习活动
在教师的帮助下，对比区分出不同动物的居住地、气候特征及其体貌特征，并利用主功能句表达已知动物的居住地（应用实践、迁移创新）	Exploring （解读）	**Step 3：Picture tour** （1）Look and discuss the pictures（获取与梳理） （2）Compare with a table（比较与表达） compare 比一比 （3）Match the place where the birds live（观察、辨析与表达）
在教师的帮助下，对比区分出不同动物的居住地、气候特征及其体貌特征，并利用主功能句表达已知动物的居住地（应用实践、迁移创新）	Appreciating （品读）	**Step 4：Production** （1）Listen and repeat（归纳与整理） （2）Retell the book with the mind-map on the blackboard（习得与构建） （3）Game time（想象与创造） Help these animals to find the place to live. _____ lives here.

续表6-2

教学目标	教学环节	学习活动
设计意图:Step 3 教学活动对应的是 I-READ 模式中的 E—Exploring(解读)。教师利用绘本图片展开教学活动,巧妙设问,激发学生思维,进行图片环游。开放性问题,让各种程度的学生都能参与进来,同时配以简短视频及简要科普知识,吸引孩子们利用已有知识储备自信表达。Step 4 教学活动对应的是 I-READ 模式中的 A—Appreciating(品读)。学生通过听音、指读、跟读课文,感受纯正的语音、语调,有助于培养学生的语感。借助板书设计搭设语言支架,通过表格对比、配对连线和归类复述文本,既梳理了文本信息,又帮助学生加深了对文本的理解;游戏环节新旧知识交融,实现语用目的。		
通过总结动物居住地,能够发散思维联想自己生活的家园,树立爱护动物和保护地球的意识(迁移创新)	Distilling (慧思)	**Step 5:Summary**(感悟与内化) Different animals live in different places. Where do you live?
设计意图:Step 5 教学活动对应的是 I-READ 模式中的 D-Distilling(慧思)。通过总结对比动物居住地,引导发散思维联想自己生活的家园,树立爱护动物和保护地球的意识。所布置的课后任务将课堂延伸落实到实处,使学生进一步巩固所学,提高其综合语言运用能力。		
Homework	1. Read the picture book to your parents. 2. Draw a picture where you live. Amy lives here.	
Blackboard Design	 This _____ lives here.	

【案例6-3】故事阅读教学:人教版(三年级起点)五年级(上册)

Unit 5　There is a big bed

1. 语篇内容

> There is a can beside the river. He is sad.
>
> Can:Can you help me? I want to go home.
>
> Bird:Sorry. I am busy.
>
> A naughty bear kicks the can.
>
> Bear:Ha ha!
>
> Can:Oh,no.
>
> The can flies over Rabbit and Monkey.
>
> Can:Help!
>
> Monkey:Look at that poor can.
>
> Rabbit:Come on! We are late for school.
>
> The can falls between two fish.
>
> Mr Fish:Here comes a can.
>
> Ms Fish:Let's give it to Zoom. He can help.
>
> Zoom catches the can.
>
> Zoom:Let me help you.
>
> Can:Thank you. Home,sweet home.

2. 语篇研读

What　该语篇是一篇故事课,讲述了一个易拉罐回家的故事。小易拉罐在森林里遇到了小鸟、小熊等动物,它们因为各种原因并没有帮助易拉罐回家,最后小鱼和 Zoom 将它放回了可回收箱。

Why　该语篇通过学习和发现易拉罐回家的过程,使学生思考物品放在合适位置的意义,从而使学生学会合理归置物品、爱护家庭环境和自然环境。

How　该语篇是在公园发生的日常生活对话,采用了对话加旁白的方式,以易拉罐回“家”为线索,描述易拉罐所处的位置关系时涉及了核心词汇“beside,over,between”;核心句型“There is a…beside…”。学生在本单元能够积累表述位置的词汇和句型,并能用英语进行简单的位置描述,对物品的摆放也会有正确认知。该故事情节简单,易于理解,具有现实意义和教育意义。

3. 教学目标

通过本课的学习,学生能够:

①在图片和教师的帮助下获取故事关键信息,梳理故事发展过程,小组合作完成表格(学习理解);

②在教师的帮助下,分角色表演对话(程度较好的学生可以尝试复述、介绍易拉罐回家的过程)(应用实践);

③在教师的帮助下,与小组成员一起讨论如何将物品放在合适的位置(迁移创新)。

4. 教学流程(图 6-10)

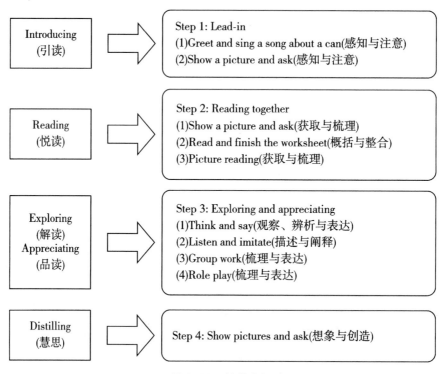

图 6-10　教学流程

5. 教学过程(表6-3)

表6-3 教学过程

教学目标	教学环节	学习活动
在图片和教师的帮助下获取故事关键信息,梳理故事发展过程,小组合作完成表格(学习理解)	Introducing (引读)	**Step 1:Lead-in** (1)Greet and sing a song about a can(感知与注意) (2)Show a picture and ask(感知与注意)
	Reading (悦读)	**Step 2:Reading together** (1)Show a picture and ask(获取与梳理) (2)Read and finish the worksheet(概括与整合) **big animals / cute animals 表格:** |	big animals		cute animals	
---	---	---	---	---
Name	Tony	Bob	Amanda	Sally
Favourite animal	tiger	elephant	panda	penguin	 (3)Picture reading(获取与梳理)

设计意图:本阶段 Step 1 教学活动对应的是 I-READ 模型中的"I—introducing"(引读)。教师通过打招呼互动、一起唱一首与绘本有关的歌曲,创设沉浸式阅读环境,引导学生形成对绘本故事的阅读期待。同时大胆预测故事内容,为下一步"悦读"故事做好准备。

Step 2 教学活动对照 I-READ 模型中的"R—reading"(悦读)。本阶段的学习旨在帮助学生学习理解语篇内容,引导学生通过略读、细读、图片浏览和预测,设置由易到难的问题,层层递进,满足不同学生的学习要求。

教学目标	教学环节	学习活动
在教师的帮助下,分角色表演对话(程度较好的学生可以尝试复述、介绍易拉罐回家的过程)(应用实践)	Exploring (解读) Appreciating (品读)	**Step 3:Exploring and appreciating** (1)Think and say(观察、辨析与表达) Why is the bin the can's sweet home? (2)Listen and imitate(描述与阐释) (3)Group work(梳理与表达) Work in groups,and choose pictures that you like and act it out. (4)Role play(梳理与表达) Work in groups,and act out the whole story.

设计意图:此部分教学活动对照 I-READ 模式中的"E—exploring"(解读)和"A—appreciating"(品读)。本阶段学习活动引导学生在归纳和整理核心语言的基础上,思考易拉罐为什么说垃圾箱是它甜美的家,促使语言内化,同时根据关键词复述故事,从学习理解过渡到语言实践,为后面的真实表达做准备。

续表6-3

教学目标	教学环节	学习活动
在教师的帮助下,与小组成员一起讨论如何将物品放在合适的位置(迁移创新)	Distilling(慧思)	**Step 4:Show pictures and ask**(想象与创造) 学生明白要将身边物品摆放在正确的位置,使周围环境干净整洁。

设计意图:此部分教学活动对照 I-READ 模式中的"D—distilling"(慧思)。本阶段学习活动旨在帮助学生在迁移的语境中,创造性地使用语言,能够在提示词和句子的引导下与他人交流自己的看法,能对故事进行简单的评价,能对物品进行合理归置,能结合实际生活整理自己的物品以及书包文具等,激发学生独立思考的积极性,提升学生保护环境的思维品质。

Homework	1. Listen to the audio and read the story. 2. Tell the story to your parents or friends. 3. Draw a new ending to the story and e-mail to the author.
Blackboard Design	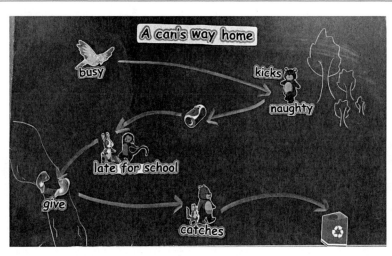

【案例6-4】文本阅读教学:人教版(一年级起点)六年级(上册)

Unit 1　In China
Lesson 3

1. 语篇内容

Today, Amy flies around China. She visits three interesting cities.

First, she visits a city in the west of China. The city is very big and it has a famous river, the Yangtze River. There are many hills too. It is often foggy here. It is famous for its hot, spicy food. Amy thinks the food is delicious. This city is _____.

Next, Amy flies to a city in the east of China. It is near Shanghai. There are many beautiful gardens. This city is also famous for silk. Amy buys some beautiful silk clothes here. The city is _____.

Amy's last city is never too hot and never too cold. This city is famous for its flowers. Amy goes to a flower show here. There is a very special forest nearby. It is a stone forest! This city is in the southwest of China. It is _____.

2. 语篇研读

What　该语篇是一篇记叙文。主情境图在语境中呈现和聚焦目标语言。Amy 参观了中国的三个城市,通过介绍这三个城市的小短文,复习巩固单元主要词汇和功能句。同时通过从文中选取一个城市展开对话的方式,复习巩固单元主要词汇和功能句。本课要求学生通过书写几个意义连贯的句子,复习巩固本单元的主要词汇和功能句。

Why　该语篇通过短文阅读,让学生了解到中国东、西、西南不同城市的位置,感受不同城市间的有趣之处,引导学生了解更多中国各地名胜,热爱自己的城市并感受祖国的美好山河。

How　本课的新知是一些描述中国著名的城市及其特色的词或短语和句型"Where is...? What's...famous for?"及相应答语"It's in the...of...It's famous for..."等。本课在巩固旧知的基础上,通过主题意义探究,设计有意义的课堂活动,拓宽学生视野,发展学生的英语学科核心素养。

3. 教学目标

通过本课的学习,学生能够:

①在看图片和视频、听录音、读文章的活动中,获取、梳理文本中城市的名称、位置和有趣之处(学习理解);

②在表格的帮助下,简要介绍重庆、苏州和昆明的有趣之处(应用实践);

③按相应提示或要求设计城市名片,并介绍给大家以表达自己对中国城市的了解,

同时介绍自己喜欢的城市及其特色(迁移创新)。

4. 教学流程(图6-11)

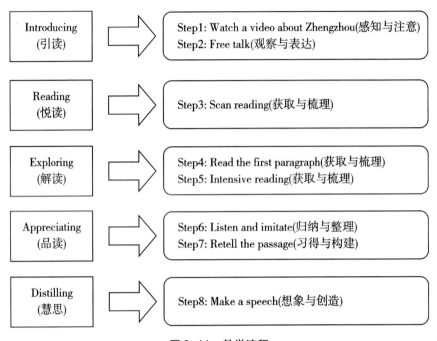

图6-11　教学流程

5. 教学过程（表 6-4）

表 6-4　教学过程

教学目标	教学环节	学习活动
在看图片和视频、听录音、读文章的活动中,获取、梳理文本中城市的名称、位置和有趣之处(学习理解)	Introducing（引读） Reading（悦读）	**Step 1：Watch a video about Zhengzhou** **Step 2：Free talk** T：What do you know about Zhengzhou? T：What's Zhengzhou famous for? 学生根据自己对郑州的了解,通过对话活动,复习前两课所学的词汇及句型。学生看城市卡片并用语言描述出来: T：Where is Zhengzhou? This is…It's in the…of China. It's famous for… 创设情景:Today Amy will fly around China and visit three interesting cities.（主题意义探究） **Step 3：Scan reading** Look at the picture,read the passage,and fill in the blanks. 学生快速阅读并观察课本上的三幅图片,猜测文章主题,进一步猜测出图片所在的城市,根据表格中所给参考城市的名称,将正确的城市名称填写在横线上。
	设计意图:本阶段 Activating 环节复习巩固本单元的单词和功能句,使学生能够在想要用时脱口而出。激发学生的学习兴趣,通过对话活动复习旧知。学生通过本环节开始本课主题意义的探究之旅,整体感知新语言,发展观察和预测的思维品质。	
在表格的帮助下,简要介绍重庆、苏州和昆明的有趣之处(应用实践)	Exploring（解读）	**Step 4：Read the first paragraph** 教师带着学生一起阅读文章第一段,帮助学生梳理出 Where is it? What's it famous for? 引发学生思考:What do you think of Chongqing? （播放重庆宣传片,进一步理解该城市因什么而闻名） **Step 5：Intensive reading** Read the passage carefully, circle and underline the keywords, and then fill in the blanks. 学生精读文章,进行自主学习,关注细节信息,学生边读边圈出相关城市的位置以及因何闻名,并完成学习单上的表格。

续表6-4

教学目标	教学环节	学习活动
在表格的帮助下，简要介绍重庆、苏州和昆明的有趣之处（应用实践）	Appreciating（品读）	教师指导学生按以下步骤阅读： 1. Read the passage, and circle the key words, such as the locations, famous for… 2. Write the key words on your worksheet. 3. Look at your worksheet, and introduce it to us. | Cities	Location (Where)	What's it famous for? (interesting things) | |---|---|---| | | | | | | | | | | | | **Step 6：Listen and imitate** 学生听录音跟读模仿语段。 **Step 7：Retell the passage** 学生在所填表格的帮助下，简要复述重庆、苏州和昆明这三个城市的有趣之处。 T：What do you know from this passage? （Different cities have different interests.）
		设计意图：学生在阅读活动中，梳理和搭建出语言框架，开展语言实践活动及探究活动，并体会核心语言在交际情境中的运用，同时在教师的引导下探究出语篇的主题意义。
按相应提示或要求设计城市名片，并介绍给大家。表达自己对中国城市的了解，介绍自己喜欢的城市及其特色（迁移创新）	Distilling（慧思）	**Step 8：Make a speech** To be a city spokesperson 设计城市卡片，做城市代言人，互相交流一个自己喜欢的城市，并描述这个城市的情况。 Show time：展示自己喜欢的城市，并介绍给大家。
		设计意图：学生在说的基础上进行有意义的书写活动，引导学生运用所形成的知识结构，迁移创新至真实的生活情境中，创造性地解决生活中的真实问题，引导学生多角度思考，形成正确的价值观。
Homework		1. 听读第6页的课文两遍。（必做） 2. 向家人介绍重庆、苏州、昆明其中一个城市。（基础较为薄弱同学） 3. 网上查阅并整理资料。介绍一个你最想去的城市。（基础中上同学）

续表6-4

教学目标	教学环节	学习活动
Blackboard Design		**Unit1 In China** Chongqing west foggy Suzhou spicy food east garden It's famous for Kunming southwest flower

【案例6-5】文本阅读教学:人教版(一年级起点)五年级(上册)

"Unit 3 Animals"

Lesson 3 Different Children Love Different Animals

1. 语篇内容

Different children love different animals.

Tony and Bob love big animals. Tony likes tigers. A tiger lives in the forest. It eats animals, big and small. It is black, orange and white. Bob likes elephants. An elephant eats leaves and grass. It lives on the grassland or in the forest. It is big and strong. It has two long teeth called tusks and a big nose called a trunk.

Amanda and Sally like cute animals. Amanda loves pandas. A panda lives in a bamboo forest and eats bamboo there. It's black and white. Sally likes penguins. A penguin lives on the ice. It eats small fish. It's also black and white. It's a bird, but it can't fly. It's not a fish, but it can swim. It's interesting, isn't it?

2. 语篇研读

What 该语篇为科普类短文,属于"人与自然"主题范畴,"自然生态"主题群,"热爱与敬畏自然,与自然和谐共生"子主题。该语篇分别从栖息地、食物、外形特征等描述了tiger,elephant,panda 和 penguin 四种不同的动物以及 Tony,Bob,Amanda 和 Sally 四个小朋友对这四种动物的了解。

Why 该语篇通过对不同动物的科普以及不同小朋友描述喜欢不同动物的原因,让学生感受和了解到自然界中物种的多样性,每一种动物都有其独特之处,每个人都有其喜欢的动物,从而引导学生求同存异,树立理解和尊重他人喜好的观念。

How 该语篇为一篇科普类短文,语篇采用总分结构,使用一般现在时分别从动物的栖息地、食物及外形特征进行描述,感情色彩中立,并配以四幅动物图片辅助学生理解语篇内容;又以介绍卡的形式,帮助学生梳理各个动物之间的异同,便于学生归纳总结。

3. 教学目标

通过本课的学习,学生:

①在阅读的过程中,通过读、画、听、填表等活动梳理出 elephant,panda,tiger,penguin 四种动物的特征(学习理解);

②在信息卡的帮助下,复述出 panda,elephant,tiger,penguin 四种动物的栖息地、食物和外貌特征(应用实践);

③和组员交流自己喜欢的动物,选择一位同学并记录其喜好,同时运用"It lives…/It is…/It eats…"等核心句型对该同学最喜欢的动物进行描述(迁移创新)。

4. 教学流程(图6-12)

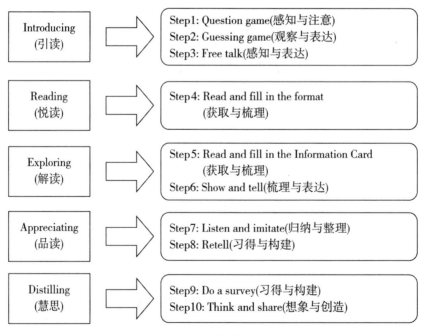

图6-12 教学流程

5.教学过程(表6-5)

表6-5　教学过程

教学目标	教学环节	学习活动
在阅读的过程中,通过读、画、听、填表等活动梳理出elephant,panda,tiger,penguin 四种动物的特征(学习理解)	Introducing(引读)	**Step 1:Question game** 学生任意问老师相关问题,猜测老师最喜欢的动物,参考提问句型如下: What color is it? Does it have…? How many…does it have? Is it a…? … **Step 2:Guessing game** 学生自主阅读有关动物描述的句子,猜测所描述动物,相关描述如下: It is big. It has four legs. It is black,orange and white. (It's a tiger.) It is cute. It is black and white. It lives on the ice. (It's a penguin.) **Step 3:Free talk** 学生两人一组讨论:对于以上两种动物,自己还知道什么?
在阅读的过程中,通过读、画、听、填表等活动梳理出elephant,panda,tiger,penguin 四种动物的特征(学习理解)	Reading(悦读)	**Step 4:Read and fill in the format** 学生略读文章,找出文中的人物及其喜欢的动物,完成表格。<table><tr><td>Name</td><td>Tony</td><td>Bob</td><td>Amanda</td><td>Sally</td></tr><tr><td>Favourite animal</td><td></td><td></td><td></td><td></td></tr></table>
在阅读的过程中,通过读、画、听、填表等活动梳理出elephant,panda,tiger,penguin 四种动物的特征(学习理解)	Exploring(解读)	**Step 5:Read and fill in the Information Card** 学生再次精读文章,分别找出四种动物的栖息地、食物及外形外貌特征,完成信息卡填写,教师以第一个动物为例,示范如何填写,并引导学生尝试使用重点句型"It lives…/It eats…/It is…"对老虎这一动物进行描述。 **Step 6:Show and tell** 学生上台分别从栖息地、食物及外形外貌特征分享其余三种动物的信息,学生在语境中理解 tusk, trunk, grassland,bamboo 等词的含义,并从分享中再次总结如何描述他人喜欢的动物。

续表6-5

教学目标	教学环节	学习活动
设计意图:本阶段 Introducing 环节旨在通过以上活动,唤起学生对"动物"这一话题的已有知识储备,从而帮助学生建立已有知识经验和学习主题之间的关联,启发学生的阅读兴趣,形成阅读期待。本阶段 Reading 环节旨在通过让学生观察图片,带着阅读问题,在略读过程中提炼出本文的主要人物及各自喜欢的动物,帮助学生快速梳理语篇内容及文本结构,有意识地训练学生从文本内容及图片等语篇要素中获取关键信息的能力。本阶段 Exploring 环节旨在通过一系列的精读活动,带着学生进一步走进文本,在语境中获得相关的语言表达、学习语言知识和技能,从而形成新的知识结构;同时,在一步步活动探究中进行主题意义的深度思考,为学生下一步主题意义的探究打下基础。		
在信息卡的帮助下,复述出 panda,elephant,tiger,penguin 四种动物的栖息地、食物和外貌特征(应用实践)	Appreciating(品读)	**Step 7:Listen and imitate** 学生听录音跟读阅读材料,模仿语音语调、重音、连读等进行跟读练习。 **Step 8:Retell** 学生选择其中一位小朋友,根据他(她)所填写的信息卡及知识框架,对其喜爱的动物进行描述。
设计意图:本阶段 Appreciating 环节旨在进一步内化学生学习的知识结构,通过复述这一学习活动帮助学生把所学知识转化为能力,并在学习和探究中,加深其对主题意义的理解。		
和组员交流自己喜欢的动物,选择一位同学并记录其喜好,运用核心句型"It lives…/It is…/It eats…"等对该同学最喜欢的动物进行描述(迁移创新)	Distilling(慧思)	**Step 9:Do a survey** 学生调查小组内成员分别喜欢的动物,完成调查表,并选择其中一位,运用本课所学内容进行介绍。 | Name	Favourite animal	Home	Food	Appearance | |---|---|---|---|---| | | | | | | | | | | | | **Step 10:Think and share** 学生思考面对不同的人喜欢不同的动物,我们应持以何种态度? 学生发表各自的观点及态度。
设计意图:本阶段的 Distilling 环节旨在让学生在真实的生活情境中运用所学知识进行交流,从而解决生活中的真实问题,通过了解小组内成员对于动物的不同喜好并介绍,进一步加深对"不同的人喜欢不同的动物"这一概念的理解,从而形成"尊重他人喜好、求同存异"的价值观。		
Homework		①听录音跟读本课文章,模仿语音语调、连读、重读等发音要点。 ②选择小组内另一名成员最喜欢的动物,介绍给其他组同学。

教学目标	教学环节	学习活动
Blackboard Design		Unit 3 Animals ＿＿＿＿＿＿ likes ＿＿＿＿＿s. **Home:** It lives in/on … **Food:** It eats … **Appearance:** It is/has …

第七章　小学英语复习教学

　　小学英语复习教学是小学英语课堂教学中不可或缺的一种课型,是学生经过一个阶段的学习后,对所学语言内容进行综合性的阶段小结或回顾。义教新课标在学习策略内容要求一级(3—4 年级)中指出,"学生能在新旧语言之间建立联系;能积极运用所学英语进行表达和交流。在学习策略二级(5—6 年级)中指出,学生能对所学内容主动复习和归纳;能运用已有语言积累和生活经验完成新的学习任务;能在学习内容和个人经历之间建立有意义的联系。可见,通过复习课的方法引导,可以让学生逐渐学会主动地对所学知识进行分门别类的梳理、归纳,从而夯实语言基础知识,提高学生的综合语言运用能力,发展学生的核心素养。

一、小学英语复习教学定义

　　小学英语复习课是指在小学阶段,以单元主题为引领、以情境任务为驱动,帮助学生梳理、巩固、扩展单元知识,构建结构化知识体系,提升学生综合语言运用能力,培养其核心素养的教学活动。

二、小学英语复习教学特点

　　教师通过科学有效的方法指导和策略引领,帮助学生通过复习对已学知识进行梳理、归纳与拓展,构建科学合理的知识体系,同时深化主题意义,落实学科育人目标。因此它具有以下几个特点。

(一)系统性

　　在语言能力方面,复习课通过总结本单元的语音、词汇、短语、句型、话题等知识规律,帮助学生完善知识体系。在单元整体教学基础上,复习课将所学内容基于主题情境有效整合,并依据基础知识的相互关联,将其梳理归类、重新组织,变成系统性的有条理的知识内容。通过复习课,学生形成了结构化的知识体系,并对此单元的语言知识、话题应用都具有系统性认知。

(二)实践性

　　英语作为一门语言,具有工具性,重在培养学生运用语言解决问题的能力。复习课应创设真实的、不同层次的语言实践活动,鼓励学生参与、体验、实践,让学生在运用听、说、读、看、写等技能做事情的过程中提升语言运用能力。

(三)拓展性

复习课要做到温故知新,在进一步巩固单元基础知识的基础上,知识储备、语言能力及思维能力应有所提升,主题意义应进一步深化。此外,除了扩展本单元涉及的基础知识和技能外,在单元复习课上也要扩展至相关的文化、生活常识等,帮助学生更全面地了解不同地区的文化和社会生活。

(四)策略性

复习课不仅应该夯实和巩固基础知识、提升语言能力,还应该进行有效的方法引领,帮助学生掌握科学有效的复习策略,为学生后续的英语学习奠定基础。

三、小学英语复习教学策略

在核心素养导向下,结合课堂教学实践,我们提出了以下小学英语复习课的教学策略。

(一)借助信息技术,创设真实情境

教师应当挖掘单元内容所传递的主题意义,创设具有真实性、整体性和关联性的语境,把单元复习和主题意义探究融为一体,让学生在真实的探究活动中深化主题意义,真正达成学科育人的目标。而借助信息化技术,通过视频、音频等形式,为学生创设出一个更加贴近生活且有趣的情境,不仅可以激发学生的学习兴趣,更能激活其旧知。

【课例7-1】人教版(三年级起点)六年级(下册)"Unit 3 Where did you go?"教学片段

本节课以与主题相关的 Chant 和 Free talk 导入,激发旧知,调动学生积极性。

T:Let's chant together.

(播放有关于过去式的 chant 视频)

T:We can see many places from this chant. I have been to many places before. Let's watch a video about my footprints.

(制作 My footprints 视频,学生观看关于老师曾经去过的地方的视频,创设谈论自己旅游经历的大情境,引入话题)

T:Where did you go last holiday?

Ss:I went to…

(引导学生回顾自己曾经去过的地方)

【课例7-2】人教版(三年级起点)三年级(下册)"Unit 2 My family"教学片段

本节课以一首与单元主题相关的动感歌曲 *Family* 视频导入,简单回顾家庭成员名称,激活已知,并从歌曲的视频画面初步感知家庭生活的乐趣;接着教师利用 P 图技术创

设了为迎接国际家庭日而开展的"Family show"这一主题情境,同时引出本节课要解决的大问题:"How to show your family?"

T:Let's enjoy a song *Family*.

Wow! A big family! Who are in the family?

S:Father,mother…

T:The International Family Day is coming. It's on May 15th. On this day,people do something to show their love to their family. Today,we'll have a family show to show your family and show your love. Do you want to join it?

Ss:Yes.

T:How to show your family and your love? First,let's go to the children's family show and have a look!

【课例7-3】人教版(三年级起点)五年级(下册)"Unit 1 My day"教学片段

T:How about Pedro's day in China? Now I will call Pedro. Let's make a survey about his day…

T:When does Pedro get up in China?

Ss:He gets up at 8:00 a.m.

本环节教师利用 AI 技术制作 Pedro 的声音台词,打造出教师与 Pedro 电话连线的真实情境,学生在听的过程中,获取 Pedro 一天的时间安排信息。

(二)基于单元主题,创编重构文本

在复习课的教学过程中,为了使复习内容更具有关联性和递进性,使复习所依托的语篇起到范式的作用,或者更好地服务于主题意义的深化,可以深度挖掘教材创编或重构文本。

【课例7-4】人教版(三年级起点)六年级(下册)"Unit 3 Where did you go?"教学片段

教师描述自己的旅游经历,并创编与主题相关的新文本。

语篇:A Trip to Luoyang

Last Labour Day holiday, I went to Luoyang with my mother. We went there by train because it was fast and convenient.

On the first day, we had beef soup in the morning. It was delicious. Then we went to Laojun Mountain. We climbed to the top of the mountain and saw beautiful views. The clouds moved around us. We were like in a fairyland. It was exciting.

On the second day, we wore Hanfu and took beautiful pictures. Then we visited the museum. We knew Luoyang was the capital city of thirteen dynasties. We were shocked by its long history! After that, we ate Water Banquet and bought gifts. In the evening, on our way to the hotel, we were lost. Luckily, a man helped us find the way. The people of Luoyang were so friendly.

What a wonderful and meaningful trip!

T: How many parts are there?

Ss: Three.

T: What can we talk about at the beginning?

Ss: We can talk about the place, transportation, time, partner…

T: What can we talk about at the body?

Ss: Activities.

T: What can we talk about at the ending?

Ss: We can talk about the comment.

(此文本结合了本单元的重点词汇和句型,并呈现了书写过去旅游经历的语篇结构特点,既是对单元内容的复习,又在此基础上有所扩展)

【课例7-5】人教版(三年级起点)三年级(下册)"Unit 2 My family"教学片段

教师出示教材上人物的家庭秀(重构情境),孩子们在以不同的方式展示自己的家庭,其中 Sarah 以自制 picture book 的形式来展示家庭。接下来的学习任务依托该重构的语篇而展开,带领学生梳理展示有关家庭的结构化知识,提炼语言框架。

T: Sarah made a picture book to show her family. Do you want to know Sarah's family? Let's read her book and know about her family.

> **Hello! My name is Sarah. I'm nine years old. I'm from the USA. My family is big. Look! This is my father. He's a doctor. He's tall. My mother is thin and beautiful. This is my brother, Sam. He's short and cute. My grandfather and my grandmother are nice.**

以上自创绘本中含有 Sarah 对家庭成员及其外貌、性格、职业的描述。有助于学生形成结构化知识,并且起到了范式的作用,为后面学生的家庭展示输出活动提供了语言支架。

【课例7-6】人教版(三年级起点)五年级(下册)"Unit 1 My day"教学片段

T: This is Pedro's weekend. What do you think of Pedro's weekend?

Ss: It's great.

T: Why?

Ss:Because Pedro can do many colourful activities.

本环节教师通过呈现针对复习课创编的主题文本,引导学生对Pedro的周末活动进行分类,起到润物细无声的德育效果;之后,教师再次追问:"What do you think of Pedro's weekend?"引发学生思考,深化本课的主题意义。

(三)巧用思维可视化工具,呈现结构化知识

思维可视化工具可以帮助学生很好地总结、归纳单元知识,完善知识结构。因此在单元复习课中,教师可以利用思维导图,让学生梳理、提炼、巩固、归纳语言知识,建构出系统的结构化知识。

【课例7-7】人教版(三年级起点)六年级(下册)"Unit 3 Where did you go?"教学片段

T:Today let's talk about other's trip experience and learn from it. At first, let's talk about John and Amy's trip.

(学生根据课本内容,梳理并总结 John 和 Amy 的旅游经历,小组合作制作思维导图并分享)

T:In what ways can we talk about out trip experience?

Ss:What did we do?

T:Activities.

Ss:Where did we go?

T:Place.

…

(学生根据书中主人公的经历,总结提炼可以从哪些方面谈论旅行,通过思维导图,学生构建更加系统性的知识网络)

【课例7-8】人教版(三年级起点)三年级(下册)"Unit 2 My family"教学片段

本节课依托整合教材后重构的语篇,以"Family show"为情境主线,围绕"How to show your family?"开展探究活动,带领学生梳理展示有关家庭的结构化知识,提炼语言框架,并在板书上逐步形成思维导图。

T:How to show your family? First, we can talk about "Family members". What's he or she? His or her job. Second, we can talk about "Family love". You can talk about the things you do together with your families, that is, how you help each other and how you love each other.

【课例7-9】人教版(三年级起点)五年级(下册)"Unit 1 My day"教学片段

T:How to write a composition? Look here! How many parts are there?

Ss:There are 3 parts.

T:What are these?

Ss：The beginning. The body. The ending.

T：The beginning is like the bread of the hamburger. What about the body? …

本环节教师利用思维可视化工具,结构化讲解写作思路。学生通过汉堡式段落,清晰地掌握了写作的三个段落,使写作结构更完整、写作逻辑更合理、写作内容更丰富。

(四)链接实际生活,升华单元主题

教学活动应链接学生的生活实际,在单元主题引导下,教师要重视学生语言知识的巩固和语言技能的运用,从多个层面来训练学生的综合语言能力。学生通过听、说、对话等任务活动,积极参与到对话交际、探讨表达、展示分享的语言实践活动中。在复习旧知的基础上,从理解过渡到运用,再升华到拓展,在巩固旧知识的基础上,锻炼其语用能力,培养思维品质,提升其英语综合素养。

【课例7-10】人教版(三年级起点)六年级(下册)"Unit 3 Where did you go?"教学片段1

T：Where did you go? Please find the place on the map.

Ss：I went to…

T：Let's have a group work. Please talk about your trip with your partners.

(根据前面学生自己提炼出来的点,小组成员根据自身的真实经验,创编对话,讨论自己的旅游经历)

【课例7-11】人教版(三年级起点)六年级(下册)"Unit 3 Where did you go?"教学片段2

T：Write about your trip experience or an impressive day. Put it in this brochure.

(学生将自己的旅游经历或是曾经印象深刻的一天写出来,制作成册)

T：How was your trip? How was your day? Why?

Ss：It was…because…

(学生回答自己对所写的这段经历的感受,并讲出原因,引出单元大观念 Share your trip,enjoy your life)

【课例7-12】人教版(三年级起点)三年级(下册)"Unit 2 My family"教学片段

本节课教师设计了班级"Family show"活动,让学生在课前收集了记录家人美好生活点滴的照片,在课堂上生成图文结合的图画书,引导学生用所学语言去介绍家人以及与家人共同做的事情,表达对家人的爱,升华主题。活动贴近学生生活,有助于育人目标的实现。

T：Do you like Sarah's Family？ Why？

What do you do with your family?

(引导学生从家庭生活中体会家人的关爱与家庭生活的温馨)

T：Now make a picture book or poster to show your family and your love…OK,It's time to show your family.

T：How to show your love to your family?

（引导学生思考如何把爱落到实际行动上）

【课例7-13】人教版（三年级起点）五年级（下册）"Unit 1 My day"教学片段

T：What do you do on the weekend?

Ss：I often…

T：Boys and girls. Make an interview about your group member's day. And act it out.

本环节教师组织学生开展小组活动，采访小组成员的周末。学生结合自己的生活实际，展开交流和表演。在此过程中，学生既巩固了语言知识，又提升了语用能力。

四、小学英语复习教学模式

（一）模式解读

单元复习课旨在帮助学生梳理、巩固、拓展所学知识，构建知识网络，完成查漏补缺，同时提升学生的核心素养。然而，在平时的复习课教学过程中，有些教师仅仅关注语言知识，把复习课上成了语言知识的练习课，缺乏主题意义的深入探究，难以达成英语课程的育人目标。因此，教师应该把主题意义的探究视为教与学的核心任务，基于主题意义设计不同层次的探究活动，促进学生语言能力、思维品质、文化意识和学习能力的融合发展。

基于以上现状，我们构建出小学英语"AEAE"复习课教学模式。此模式共分为四个步骤。（图7-1）

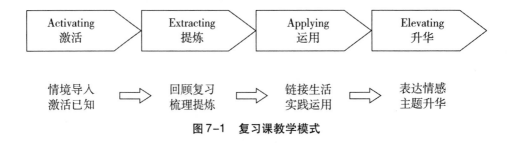

图7-1　复习课教学模式

1. Activating 情境导入，激活已知

单元复习课要以单元主题为引领，创设真实、有趣的整体情境。合适的话题能为情境的创设奠定基础，为语言的发展提供条件。课堂初始，教师应借助多种教学活动，如Chant，Free talk，Sing a song 等活动，尽可能地为学生提供一些趣味性、生动性的话题，运用多元化的方式调动学生的学习内驱力。有效地激活学生的知识储备，使学生快速融入课堂，检测学生对于本单元的掌握情况，激发旧知，激活学习期待，从而使学生以更加积极、愉悦的心态投入复习课中。

2. Extracting 回顾复习,梳理提炼

确定复习内容后,教师引导学生围绕一条主线对所学的语言知识进行回顾与梳理,通过制作思维导图、填写表格或进行小组讨论等方式,帮助学生建立清晰的知识框架,把原来零散的知识点串联成条理化、系统化的知识体系,从而使学生能够高效地进行语言学习,实现梳理语言知识、提升语言素养的目标,同时在查漏补缺的过程中,提升学生的学习能力、思维品质,开阔学生的文化视野。

3. Applying 链接生活,实践运用

经过激活已知、梳理与提炼两个环节,学生对相关复习内容已经基本形成一定的知识网络体系。教师可在此基础上创设真实的生活情境,让学科知识链接现实生活,把语言实践活动融入到具体真实的语境中,加强学生的语言运用能力,培养学生运用所学知识解决实际问题的能力。同时让学生带着明确的目标任务,在完成学习任务的过程中发展学生的语言能力、思维能力、文化意识以及交流与合作的能力。

4. Elevating 表达情感,主题升华

基于主题意义引领的小学英语单元复习课,教师需要依据本单元育人蓝图,设计综合实践活动,从而促使学生能够深度探究、内化、丰富和拓展单元主题意义。比如,本课例中设计的制作班级旅行手册,让学生在有意义的活动中,运用语言,表达自己的所做、所思、所感,从而领悟主题意义,提升语言运用能力,实现学科育人目标。

(二)案例分享

【案例7-1】人教版(三年级起点)六年级(下册)
Unit 3　Where did you go?（Revision）

1. 语篇内容

语篇一　A Let's talk
Amy：What happened?
John：I fell off my bike last Saturday and hurt my foot.
Amy：That's too bad! Are you all right?
John：I'm OK now. Come and look at my photos from the Labour Day holiday.
Amy：Where did you go?
John：Mt. Tianshan, Xinjiang. I rode a horse. Look, it's very small!
Amy：Oh, yes. It looks like a mule! Did you go to Turpan?
John：Yes, we did. We saw lots of grapes there, but we couldn't eat them. They won't be ready till August.

语篇二　B Let's talk

Sarah：Where did you go over the winter holiday?

Amy：My family and I went to Sanya.

Wu Binbin：Really? Did you like it?

Amy：Yes, it was so warm.

Sarah：Hainan is far from here. How did you go there?

Amy：We went there by plane.

Wu Binbin：How was the beach? What did you do there?

Amy：It was beautiful. I took lots of pictures, and I also went swimming.

Sarah：Sounds great! Can I see your pictures sometime?

Amy：Sure.

语篇三　B Read and write

Saturday, April 23rd

　　Today was a sunny day. In the morning, we rode a bike for three people. Max sat in a basket on the front of the bike. That was fun! We took pictures of the beautiful countryside. We bought some gifts and ate some delicious food.

　　In the afternoon, Mum ate some bad fruit and didn't feel well. So we stayed in the hotel. Dad and I wanted to make her happy. We dressed up and made a funny play. Robin played the part of a dog. He was so cute. Max liked him so much. He jumped on him and licked him. Of course, Robin didn't like it.

　　We laughed and laughed.

　　It was a bad day but also a good day!

语篇四　C Story time

Zoom：Am I now on the moon? I can't believe it! She must be Chang'e. Oh, there is the rabbit.

Zoom：It's time to go. Good! Here comes a spaceship.

Zip：How was your holiday?

Zoom：It was fun.

Zip：Where did you go?

Zoom：I went to the moon.

Zip：How did you go there?

Zoom：By spaceship.

Zip：What did you see?

Zoom：I saw Chang'e, the rabbit and the tree.

Zip：Did you take any pictures?

Zoom：Yes, I did. Oops, where did I put the pictures?

Zoom：Oh, it was a dream.

2. 语篇研读

What　本单元主题属于"人与自我"和"人与自然"范畴,涉及"生活和学习""自然生态"主题群,主要是关于丰富、充实、积极向上的生活,以及中国主要城市的地理位置与自然环境。主要包括四个语篇:两组对话、一篇配图短文和一篇配图故事。教材通过呈现 John,Amy,Wu Binbin 和 Zoom 的假期旅行及假期生活,帮助学生感受假期生活的美好。

Why　本单元语篇通过谈论假期生活,引导学生体会假期旅行的意义,从而学会享受生活的美好。

How　本单元语篇涉及日常生活对话并介绍两种文体句式包括:一般疑问句、特殊疑问句和陈述句;涉及一些关于过去经历的词汇,如 went camping,ate fresh food,took pictures,rode a horse 等;及询问过去假期经历的句型,如"Where did…go? /How did…go there? /What did you do? /How was your holiday(trip)?"等和相应答语,如"I went to…/I went there by…"等。在本单元之前,学生已经接触过一些动词短语,如 go swimming,eat fresh food,go camping 等;在第二单元接触了一般过去时,学习了关于过去做过的事情的表达,包括"What did you do? /How was your…?"以及相应的答语等。这些词汇和句型对介绍自己过去的假期经历有一定的帮助。

3. 教学目标

通过本课的学习,学生:

①在看、听、说的活动中,激活旧知,梳理巩固本单元所学语言,并提炼、描述假期旅行要素;

②借助梳理的语言要素,结合实际生活,同伴交流,分享彼此的旅游经历,内化语言,感受旅行的乐趣;

③根据教师范例,梳理写作结构和写作要点,独立完成游记的书写并分享,体会旅游的意义,享受生活的美好。

4. 教学流程(图7-2)

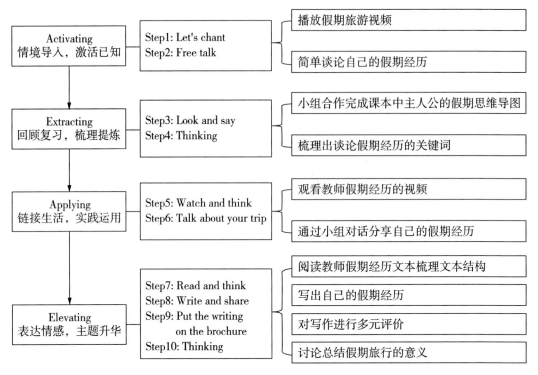

图7-2 教学流程

5.教学过程(表7-1)

表7-1 教学过程

教学目标	教学环节	学习活动
在看、听、说的活动中,激活旧知,梳理巩固本单元所学语言,并提炼、描述假期旅行的要素	Activating (情境导入,激活已知)	**Step 1:Let's chant** 学生跟唱歌曲,提前复习动词过去式短语和句型。 T:Let's chant together! Where did you go? Ss:I went to… T:What did you do? Ss:I… T:Wow,you can chant very well. From this chant,we saw many places. **Step 2:Free talk** 观看视频。 I have been to many places. Here's a video about my footprints. Let's watch it. T:What about you? Where did you go? Ss:I went to…
在看、听、说的活动中,激活旧知,梳理巩固本单元所学语言,并提炼、描述假期旅行的要素	Extracting (回顾复习,梳理提炼)	**Step 3:Look and say** Make a mind map in groups and describe John's or Amy's holiday trip. 小组内讨论并制作 John 和 Amy 的假期旅行,并将其梳理为思维导图,进行小组分享。 T:We can talk about and learn from other's trip experience. First,let's learn from John and Amy's trip experience. Please choose one person. Then talk about his/her trip experience and make a mind map. Ss:(讨论并制作) T:Which group can describe John or Amy's trip experience? Ss:Last Labour Day holiday,John went to Xinjiang by plane. He rode a horse,went camping and bought some gifts… Ss:Last winter holiday,Amy went to Sanya by plane with her family. She took many pictures and went swimming. **Step 4:Thinking** In what ways can we talk about the holiday trip? S:Where did we go? T:Right,we can talk about the place. S:What did we do? T:So we can talk about the activities. S:How did we go there? T:The transportation. …

续表 7-1

教学目标	教学环节	学习活动
设计意图:此部分旨在通过 Chant 和 Free talk 唤醒旧知;通过引导学生复述 John 和 Amy 的假期旅行,梳理并提炼本单元重点语言知识和谈论旅行所需要的关键点,为学生讨论自己的旅行提供语言支架。		
借助梳理的语言要素,结合实际生活,同伴交流,分享彼此的旅游经历,内化语言,感受旅行的乐趣	Applying (链接生活,实践运用)	**Step 5:Watch and think** 观看教师自制视频:A Trip to Luoyang T:What did I do? Can you guess? S:Maybe you ate delicious food… T:Why does Luoyang impress me most? Let's watch a video about my trip to Luoyang. T:Where did I go? What did I do? Ss:You went to Laojun Mountain… **Step 6:Talk about your trip** Please find which place impresses you most on the map. 学生在学习单上找到自己曾去过的并且印象最深刻的地方。 T:Where did you go? Ss:I went to… T:Let's have a group work. Please talk about your trip with your partners. (学生以问答的形式询问对方的旅游经历,并描述自己的旅游经历) S1:Where did you go? S2:Last holiday,I went to Shanghai with my parents. S1:Was it interesting? S2:Yes,it was great. I like Shanghai very much. S1:Wow,what did you do there? S2:I visited the Disney land. I took lots of pictures. S1:Can I see your pictures sometime? S2:Sure!
设计意图:小组成员根据自身的真实经验,创编对话,讨论自己的旅游经历,并在回答时体现出此地令人印象深刻的点,体现语言的真实运用。		

续表7-1

教学目标	教学环节	学习活动
根据教师范例,梳理写作结构和写作要点,独立完成游记的书写并分享,体会旅游的意义,享受生活的美好	Elevating (表达情感,主题升华)	**Step 7:Read and think** 学生读教师的自编游记,从中提炼文章结构。 Read the trip notes:A Trip to Luoyang T:How many parts are there? Ss:Three. T:Right. They are the beginning,body and ending. T:What information can you find at the beginning? S:Time. T:Can you find a word about time? S:Last Labour Day holiday. T:Anything else? S:I can find the place and transportation. For example, Luoyang and by train. T:What can we talk about at the body? S:Activities. T:What can we talk about at the ending? S:Comment.
根据教师范例,梳理写作结构和写作要点,独立完成游记的书写并分享,体会旅游的意义,享受生活的美好	Elevating (表达情感,主题升华)	**Step 8:Write and share** Choose 1:A Trip in _____ Choose 2:A/An _____ day T:Write about your trip or day according to these structure. Ss:(Writing) T:Now please give stars to rate. Then share your writing and give stars to your partner's writing. (学生完成自评、他评表)

	Self assessment	Peer assessment	Teacher assessment
Content: Cover the details			
Language: Use past tense			
Structure: Have clear beginning body and ending			
Linking words: Add linking words			
Handwriting: Beautiful handwriting			

(学生上台分享写作,教师评价)
Step 9:Put the writing on the brochure
学生将自己的游记放入 My footprints 的班级册子中。

续表7-1

教学目标	教学环节	学习活动
根据教师范例,梳理写作结构和写作要点,独立完成游记的书写并分享,体会旅游的意义,享受生活的美好	Elevating (表达情感,主题升华)	**Step 10:Thinking** Do you like taking trips? Why? S1:I like taking trips because I can eat delicious food. S2:I like taking trips because I can enjoy different views. …

设计意图:本阶段学习活动旨在锻炼学生的语言输出能力,学生在运用本单元核心句型的基础上,扩展语言,描述自己的假期经历,同时在输出的过程中,学生能够得到一定的感悟,体会到旅游的魅力,学会享受生活的美好。

Homework	1. Revise(修正)your trip notes and finish the brochure(册子). 2. Share your trip notes on the Internet. (Microblog, WeChat Moments, Red book, Bilibili…) 3. Read more books about trips.
Blackboard Design	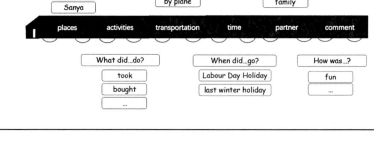

【案例7-2】人教版(三年级起点)三年级(下册)

Unit 2 My family(Revision)

1.语篇内容

语篇一 A Let's talk
Amy:Who's that man? Chen Jie:He is my father. Hi,dad. This is my friend,Amy. Dad:Nice to meet you. Amy:Nice to meet you,too.

语篇二　B Let's talk

Amy：Who's that boy?

Sarah：He is my brother.

Amy：Is she your mother?

Sarah：Yes，she is.

Amy：Is he your father?

Sarah：No，he isn't. He is my teacher.

语篇三　B Read and write

I'm Wu Binbin. This is my family.

This is my grandmother.

This is my grandfather.

This is my father.

This is my mother.

语篇四　C Story time

Zip：Who's that woman?

Zoom：She is my mother.

Zip：She is beautiful.

Zoom：Thank you. My mum is an actress.

Zip：Really?

Zoom：Wait a minute! Look at me!

Zip：Beautiful!

Zoom's mum：Zoom! How beautiful!

2. 语篇研读

What　本单元主题属于"人与自我"和"人与社会"范畴,涉及"家庭与家庭生活""尊长爱幼,懂得感恩"两个子主题内容。主要包括四个语篇:两组对话、一篇配图故事和一篇配图短文。教材通过呈现 Chen Jie,Sarah,Mike,Wu Binbin 和 Zoom 的家庭及家庭生活,帮助学生学习家庭的构成、体会家庭生活的温馨美好。

Why　本单元语篇通过对他人家庭的认识和家庭生活的了解,引导学生体会家人之间的关爱与身为家中一员的幸福感,从而懂得珍惜亲情、关爱家人。

How　本单元语篇涉及日常生活对话并介绍两种文体句式包括:一般疑问句、特殊疑问句和陈述句;涉及一些家庭成员称呼的词汇,如 father, mother, grandmother, grandfather,brother,sister,及询问了解家庭成员的句型,如"Who is…? /Is he/she…"和相应答语,介绍自己或他人的家庭的句型,如"This is…"。此外,还涉及一些简单的描述性的词汇,如 small,tall,beautiful 等。本单元之前,学生学过一些描述性的词汇,如 big,fat,cute,nice,happy;还学过一些职业类的词汇,如 teacher,student,以及活动类的词汇,如 play,eat 等。这些词汇对介绍家庭成员和家庭生活有一定的帮助。

3. 教学目标

通过本课的学习,学生:

①通过认识班级同学的家庭,复习巩固本单元有关家庭成员的词汇及询问家庭成员的句型,深化对不同家庭的认知;

②借助 Sarah 的家庭绘本,梳理介绍家庭的语言,体会家人之间的关爱和家庭生活的温馨美好;

③制作家庭图画书或海报,展示家庭、表达对家人的爱,从而懂得珍惜亲情、关爱家人。

4. 教学流程(图 7-3)

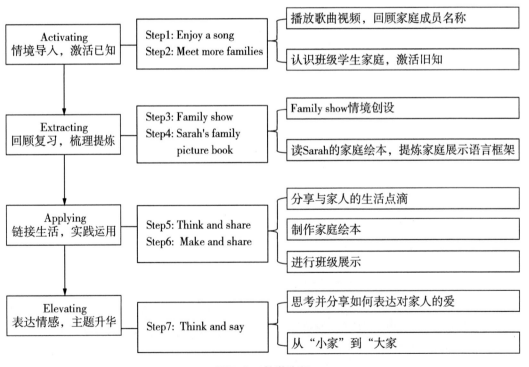

图 7-3 教学流程

5.教学过程(表 7-2)

表 7-2　教学过程

教学目标	教学环节	学习活动
通过认识班级同学的家庭,复习巩固本单元有关家庭成员的词汇及询问家庭成员的句型,深化对不同家庭的认知	Activating (情境导入,激活已知)	**Step 1:Enjoy a song** 播放歌曲视频,简单回顾家庭成员名称,初步感知家庭生活的乐趣。 T:Let's enjoy a song, *Family.*(播放视频) Wow！A big family！Who are in the family? S:Father,mother… T:Wow！A big family！(出示视频截图)Look！What do they often do together? S:Cook/ go fishing/play… T:They have a happy family,right？Let's meet more happy families. **Step 2:Meet more families** 出示班级同学的家庭照片,学生之间以问答的方式来认识同学的家庭。 T:Whose family is this? Come here please. Who wants to know his family? You can come here and ask him questions. 学生之间围绕照片上的人物互动交流: S1:Who is…? S2:He/She's… S1:Is he/she…? S2:Yes,he/she is. / No,he/she isn't.
设计意图:本阶段 Activating 环节旨在通过歌曲和认识班级同学的家庭来激活学生已知,为接下来的学习活动做好语言准备;同时创设整体语用情景,确定本节课要解决的大问题。		
借助 Sarah 的家庭绘本,梳理介绍家庭的语言,体会家人之间的关爱和家庭生活中的温馨美好	Extracting (回顾复习,梳理提炼)	**Step 3:Family show** 创设国际家庭日学校开展"Show your family, show your love"主题活动情境;提出本节课要解决的大问题:How to show your family? T:The International Family Day is coming. It's on May 15th. On this day,people do something to show their love to their family. Today,we'll have a family show to show your family and show your love. Do you want to join it? Ss:Yes. T:How to show your family and your love? First,let's go to the children's family show and have a look! (出示课本上孩子们开展的"Family show") T:Sarah made a picture book to show her family. Do you want to know Sarah's family? Let's read her book and know about her family.

续表 7-2

教学目标	教学环节	学习活动
借助 Sarah 的家庭绘本,梳理介绍家庭的语言,体会家人之间的关爱和家庭生活中的温馨美好	Extracting (回顾复习,梳理提炼)	**Step 4:Sarah's family picture book** (1)Listen and complete 听 Sarah 对家人的整体介绍,完成 Task 1 信息卡。 About Sarah Age(年龄):_____ years old From:_____ Family:big / small Family members:□grandmother □grandfather □mother □father □brother □sister (2)Read and match 自读绘本第 1 页,完成 Task 2 图文匹配,丰富学生关于家庭介绍的语言。(板书:This is my…He/She is…) Hello! My name is Sarah. I'm nine years old. I'm from the USA. My family is big. Look! This is my father. He's a doctor. He's tall. My mother is thin and beautiful. This is my brother, Sam. He's short and cute. My grandfather and my grandmother are nice. (3)Read and circle 自读绘本家庭活动及关爱部分,完成 Task 3,进一步构建描述家庭的语言知识。(板书:eat,shop,play,have birthday,share,help,care about) We eat together. We shop together. We play togther. We have birthday togther. We share(分享). We help each other. We care about (关心)each other. I love my family.

续表 7-2

教学目标	教学环节	学习活动
借助 Sarah 的家庭绘本,梳理介绍家庭的语言,体会家人之间的关爱和家庭生活中的温馨美好	Extracting (回顾复习,梳理提炼)	(4) Read together 朗读绘本家庭活动及关爱部分,帮助学生解决朗读中存在的生词障碍。 (5) Summary 带领学生梳理展示家庭的结构化知识,提炼语言框架,并在板书上逐步形成思维导图。 T: How to show your family? First, we can talk about "Family members". What's he or she? His or her job. Second, we can talk about "Family love". You can talk about the things you do together with your families, that is, how you help each other and how you love each other. (板书:Family member/ Family love/ We...together. / We...each other.)
设计意图:此部分借助创编的 Sarah 的 *I love my family* 这一绘本,引领学生开展"如何进行家庭展示"的探究活动,让学生在运用听、说、读、看、写等技能做事情的过程中丰富介绍家庭的语言,形成结构化知识,为后边学生的家庭展示输出活动提供语言支架。		
制作家庭图画书或海报,展示家庭、表达对家人的爱,从而懂得珍惜亲情、关爱家人	Applying (链接生活,实践运用)	**Step 5:Think and share** T:Do you like Sarah's family? Why? S1:Yes. Because Sarah's family is happy/warm/loving... S2:Because they help each other/ love each other... S3:Because they...together. T:What do you do with your family? Ss:I cook with my mum. / I help my mum. / I play with my brother. / We have a picnic together... **Step 6:Make and share** T:Wow! I think you have a happy family, too. Can you make a picture book or poster to show your family and your love? Now stick your photos and share in your groups. Then, come to the front and show your family. (5minutes later) OK, It's time to show your family.
制作家庭图画书或海报,展示家庭、表达对家人的爱,从而懂得珍惜亲情、关爱家人	Elevating (表达情感,主题升华)	**Step 7:Think and say** T:Boys and girls! Some families are small. Some families are big. Families are different, but family love is the same. We all love our families. How to show your love to our family? Ss:I can help to do some housework. / I can say "I love you!"/ I can share my toys with my sister... T:You are good boys and girls. (出示班级学生在校生活照片) Are we a family? Yes, we are a big family. How to show your love to this big family?

续表7-2

教学目标	教学环节	学习活动
设计意图:通过分享家庭生活点滴,引导学生从与家人的日常生活中体会家人间的互相关爱和家庭生活的温馨美好。通过学生制作和分享家庭图画书或海报,使学生运用本节课所形成的语言来展示家庭、表达爱,提升其语言能力,同时深化单元主题意义。		
Homework	1. Share your picture book or poster with your family and friends. 和家人、朋友分享你的图画书或海报。 2. Read more picture books about family. 阅读更多关于家庭的绘本。	
Blackboard Design	**Unit 2 My family** Family members	father mother brother grandfather grandmother	This is my... He/ She is... eat shop play have birthday share help care about	Family love	We... together. We... each other. I love my family.	

【案例7-3】人教版(三年级起点)五年级(下册)

Unit 1　My day(单元复习课)

1. 语篇内容

语篇一　A Let's talk
Zhang Peng:When do you finish class in the morning?
Pedro:We finish class at 1 o'clock. Then we eat lunch at home.
Zhang Peng:Wow! When do you go back to school after lunch?
Pedro:At 2:30. Classes start at 3 o'clock.
Zhang Peng:When do you usually eat dinner in Spain?
Pedro:Usually at 9:30 or 10 o'clock.
Zhang Peng:Wow! That's too late!

语篇二　B Let's talk

Shopkeeper：Why are you shopping today?

Sarah：My mum worked last night. So I'm shopping today.

Shopkeeper：Good girl！So what do you do on the weekend?

Sarah：I often watch TV and play ping-pong with my father.

Shopkeeper：That sounds like a lot of fun.

Sarah：Yes，but I'm also hard-working. I usually wash my clothes.

Sometimes I cook dinner.

Shopkeeper：You're so busy！You need a robot to help you！

语篇三　B Read and write

Robin is in a play *He is Robinson Crusoe*. Here is a letter from him.

　　My name is Robinson. I live on an island. I always get up early every day. I wash my face，and then I eat breakfast. Sometimes I clean my cave，too. I often go swimming in the water. In the afternoon，I play sports with my friend. His name is Friday！ Friday is good at sports. He often wins.

语篇四　C Story time

Zip：It's Saturday now. Zoom，I'm always very busy.

Zoom：Why?

Zip：Let me see. From Monday to Wednesday，I usually collect nuts in the afternoon.

Zoom：What else?

Zip：On Thursday，I often dry my nuts in the sun. On Friday，I eat nuts with my friends.

Zoom：What do you usually do on the weekend?

Zip：I often watch TV，but this weekend I have a show. I'll play the pipa.

Zoom：When?

Zip：Saturday，at 12 o'clock. Oh，no！

---

2. 语篇研读

What 本单元属于"人与自我"范畴，"生活与学习"主题，涉及"学习与生活的自我管理"子主题。主要包括四个语篇：两组对话、一篇配图故事和一篇配图短文。教材通过呈现 Pedro，Sarah，Robin，Zip 和 Zoom 的时间与活动安排，帮助学生培养合理规划自己生活的意识。

Why 该语篇通过介绍 Pedro，Sarah，Robin，Zip 和 Zoom 的时间与活动安排，引导学生了解中西方生活作息时间的区别，并培养积极健康的生活方式，合理安排自己的作息时间和周末活动，成就积极向上的自律人生。

How 本单元语篇主要是日常生活对话，难度适中。涉及一些活动类的词组，如 do morning exercises，eat breakfast，have…class，play sports，eat dinner，clean my room，go for a walk，go shopping，take a dancing class，以及询问他人活动安排的句型，如"When do you…" "We…at…o'clock" "What do you do on the weekend" "I often/sometimes/always…"这些词组和句型有助于学生针对日常作息和日常活动话题进行问答交际。

3. 教学目标

通过本课的学习，学生：

①在听、说、读的过程中，巩固本单元核心语言，并了解中西方作息时间的区别；

②在语篇阅读和小组采访的活动中，拓展语言知识，并发展学生"发现问题—思考问题—解决问题"的能力；

③在教师的引导下，了解汉堡写作模型，掌握写作方法，提高语用能力，培养合理安排作息时间和周末活动的意识，成就积极向上的自律人生。

4. 教学流程(图7-4)

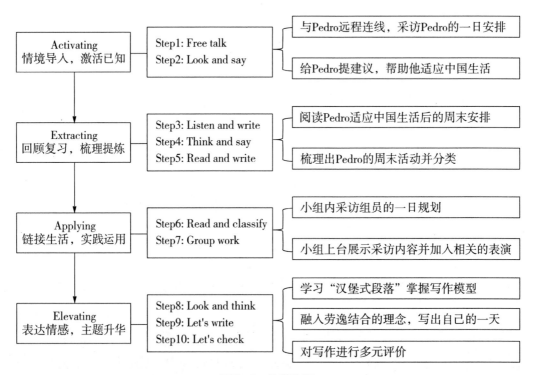

图7-4 教学流程

5. 教学过程(表 7-3)

表 7-3　教学过程

教学目标	教学环节	学习活动
在听、说、读过程中,巩固本单元核心语言,并了解中西方作息时间的区别	Activating (情境导入,激活已知)	**Step 1:Free talk** 学生观看轮番放映的图片,回顾本单元重点语篇。 T:Whose day is it? Ss:It's Pedro's day. T:What about this one? Ss:It's Sarah's day. **Step 2:Look and say** 学生通过图片,直观感受西班牙和中国存在的时差,并借助问题"How about Pedro's day in China?"进入 Pedro 从西班牙来到中国的情境。 T:Pedro is from Spain. But he lives in China now. Who wants to be Pedro? Ss:Let me try. T:OK. Now you are Pedro. Let's welcome! Ss:Welcome to China! T:How about Pedro's day in China?
设计意图:本阶段 Activating 环节旨在激发学生的学习兴趣,引导学生复习本单元的核心语言。首先,呈现单元重点语篇,启发学生思考,进入复习的准备状态;然后,结合地图进入 Pedro 从西班牙来到中国的情境。		
在语篇阅读和小组采访活动中,拓展学生的语言知识,并发展学生"发现问题—思考问题—解决问题"的能力	Extracting (回顾复习,梳理提炼)	**Step 3:Listen and write** 学生听教师采访 Pedro 的通话内容,完成 Pedro's timetable;完成表格后,通过教师追问引导学生发现 Pedro's timetable 存在的问题。 T:When does Pedro get up? Ss:At 8:00 a. m. T:When does Pedro have classes? Ss:At 8:30 a. m. T:What does Pedro do at 6:00 p. m.? Ss:He eats dinner at 6:00 p. m. **Step 4:Think and say** 学生思考 Pedro 应该怎么规划时间表,并为其提供建议。在提供建议的过程中,逐步解决问题。 T:What do you think of Pedro's day? Ss:It's bad. T:Why? Ss:He gets up too late. And he goes to bed too late. T:What time does Pedro get up in China? Ss:At 7:00 a. m.

续表7-3

教学目标	教学环节	学习活动
在语篇阅读和小组采访活动中,拓展学生的语言知识,并发展学生"发现问题—思考问题—解决问题"的能力	Extracting（回顾复习,梳理提炼）	**Step 5：Read and write** 学生首次阅读关于 Pedro 周末的文本,完成相关任务。 Task 1：Complete the table according to the passage. T：What does Pedro do on Saturday? Ss：He goes running on Saturday. Task 2：What do you usually/often do on the weekend? 学生根据自己的实际情况书写句子。
在语篇阅读和小组采访活动中,拓展学生的语言知识,并发展学生"发现问题—思考问题—解决问题"的能力	Applying（链接生活,实践运用）	**Step 6：Read and classify** 学生再次阅读文本,对 Pedro 的周末活动进行分类,深刻认识到 Pedro 的周末活动很丰富多彩,达到润物细无声的育人目标。 T：What activities can you see? Ss：Go running. T：What kind of activity is it? Ss：Sports. … T：What do you think of Pedro's weekend? Ss：Wonderful！ T：We should arrange activities properly. Try to make full use of time. **Step 7：Group work** 学生进行小组活动,采访小组成员的一天,并将其表演出来。 T：Make an interview about your group member's day. And act it out.

设计意图:本阶段 Extracting 环节以听力练习和阅读文本的形式呈现,检验学生的学习效果。首先,学生从听力文本中获取、梳理相关信息,并意识到 Pedro 的时间安排存在问题,培养学生发现问题的能力。然后,在给 Pedro 提建议的过程中,学生思考如何解决这一问题,学会合理规划时间。最后,学生阅读文本,完成相关任务,掌握阅读策略。而且 Applying 环节通过联系学生的实际生活,组织学生展开交流,提高学生在相关语境下的语用能力。

续表 7-3

教学目标	教学环节	学习活动
在教师的引导下，了解汉堡写作模型，掌握写作方法，提高语用能力，培养合理安排作息时间和周末活动的意识，成就积极向上的自律人生	Elevating（表达情感，主题升华）	**Step 8：Look and think** 学生结合刚读过的文本，学习"汉堡式段落"，内化写作方法。 Beginning —— This is my day! I'm... I often/usually.... Body —— Ending —— I'm...Let me talk about. T：How many parts are there in the composition? Ss：Three！ T：What are these? Ss：The beginning. The body. The ending. **Step 9：Let's write** 学生合理规划自己的作息时间和活动，选择周一到周日任意一天，完成 My day 的主题书写任务。 T：Pedro can arrange his activities properly. What about you? Write a composition. **Step 10：Let's check** 学生根据老师讲解的范文，进行同桌互评。

设计意图：本阶段 Elevating 环节促使学生领悟主题意义，实现学科育人目标。学生合理规划自己的作息时间和活动，完成 My day 的书写任务。至此，学生完整经历了发现问题—思考问题—解决问题的过程。

Homework	1. Make a mind map about Unit 1. 制作第一单元的思维导图。 2. Make a picture book *My day*. 制作 My day 主题的绘本书。

教学目标	教学环节	学习活动
Blackboard Design		Unit 1 My Day Beginning for fun　　watch TV 　　　　　play games for study　　read books for sports　　go running Ending

参考文献

[1]陈剑.主题意义引领下的小学英语单元复习课设计策略[J].小学英语教与学,2023(3):16–18.

[2]丁洁.例谈绘本在小学英语阅读教学中的应用[J].河南教育(教师教育),2024(6):70–71.

[3]黄菊红.基于单元话题的小学英语复习课教学设计[J].教育研究,2024(1):121–123.

[4]蒋雨薇.小学英语语音教学策略研究[J].小学教学研究,2024(24):67–68.

[5]梁燕葵,蒙雅娜.自然拼读法在中美小学英语教学中的应用[J].中国科教创新导刊,2010(30):72.

[6]李迟.外语阅读教学与策略研究[M].北京:世界图书出版公司,2014:242.

[7]李春霞.主题情境中开展单元复习的策略研究[J].中小学英语教学与研究,2023(5):24–28.

[8]李晓荣.多媒体教学在英语课堂上的辅助作用[J].中国教育技术装备,2011(4):197–198.

[9]林平珠.小学英语课这样上:基于11种常见课型的教学模式和策略[M].福州:福建教育出版社,2021.

[10]刘辰诞.篇章分析概论[M].北京:北京大学出版社,1999.

[11]骆海军.基于语篇的小学英语词汇教学活动设计策略[J].中小学外语教学(小学篇),2022(3),8–14.

[12]骆海军.小学英语词汇教学中课堂学习任务单的设计与应用[J].中小学外语教学(小学篇),2023(2),21–27.

[13]王蔷.在英语教学中开展读写结合教学的意义及实施途径[J].英语学习,2020(5):26–32.

[14]王琼.思维导图在初中英语阅读教学中的有效应用[J].海外英语,2024(14):193–195.

[15]韦艳.基于新课标的小学英语阅读有效性教学研究[J].教师教育论坛,2024,37

(6):59-61.

[16]吴桂如.小学英语单元复习课的基本特征、目标设定和活动设计[J].英语学习(教师版),2016(8):65-68.

[17]徐丽芬.基于语篇的小学英语语音教学实践:以 PEP《英语》中的 Let's spell 板块为例[J].教学月刊小学版(综合),2024(6):43-46.

[18]俞璐男.优化小学英语语音教学的实践与研究[J].教育,2024(8):125-127.

[19]张琦.小学英语主题式复习课教学设计策略[J].基础外语研究,2023,25(4):58-65.

[20]张素兰.基于 CiteSpace 的英语语音研究和语音教学的可视化分析[J].英语广场,2024(17):92-96.

[21]张燕,牛志芳.信息时代英语阅读对学生创新思维能力的培养[J].辽宁工业大学学报(社会科学版),2024,26(4):105-108.

[22]张玉华.基于文本解读的小学英语阅读教学实践[J].教师教育论坛,2024,37(6):62-64.

[23]赵灵芝.基于"单元知识结构"的小学英语语音教学策略[J].小学教学研究,2024(19):55-56.

[264]中华人民共和国教育部.普通高中英语课程标准[M].北京:北京师范大学出版社,2017.

[25]中华人民共和国教育部.义务教育英语课程标准[M].北京:北京师范大学出版社,2022.

[26]仲昭云.谈英语语音教学[J].继续教育研究,2008(7):130-131.

[27]庄梅娟.运用"阅读圈"教学模式提升高中生英语学科核心素养的实证研究[J].海外英语,2024(15):185-187.

[28]朱晓燕.英语教学中的语篇分析[M].北京:北京语言大学出版社,2024.

[29]AUSUBEL D P. Educational psychology:a cognitive view.[M].New York:Holt,Rinehart & Winston,1968.

[30]BECK I L,MCKEOWN M G,KUCAN L. Bringing words to life:robust vocabulary instruction[M].New York:The Guilford Press,1996.

[31]BROPHY J. Motivating students to learn[M].New York:Routledge,2004.

[32]BRUNER J S. The process of education[M].Cambridge:Harvard University Press,1960.

[33]CHO Y,BRUTT-GRIFFLFLER J. Effects of the WIRC Program on reading comprehension and vocabulary development for students of different language backgrounds[J].Journal of Literacy Research,2015,47(2):231-258.

[34]CRYSTAL D. A dictionary of linguistics and phonetics[M].Oxford:Blackwell Publishing,

2008.

[35]CLARKE W L,GORRIVAN K. Nurturing primary readers in grades k-3:reading instruction centered in students' social emotional needs[M]. Oxford:Taylor and Francis,2023.

[36]CSILLAT J. Differentiated reading instruction[M]. Oxford:Taylor and Francis,2016.

[37]Csíkszentmihályi M. Flow:The psychology of optimal experience[M]. New York:Harper & Row,1990.

[38]CUMMINS J. Bilingualism and special education:international perspectives[M]. Clevedon: Multilingual Matters,1994.

[39]DECI E L,RYAN R M. The"what" and "why" of goal pursuits:human needs and the self-determination of behavior[J]. Psychological inquiry,2000,11(4),227-268.

[40]DOE J. Reading comprehension [M]. Oxford:Taylor and Francis:2004.

[41]FAIRCLOUGH N. Discourse and text:linguistic and intertextual analysis within discourse analysis[M]. Cambridge:Polity Press,1992.

[42]FITZGERALD J,SHANAHAN T. Reading and writing relations and their development [M]. Hillsdale:Lawrence Erlbaum Associates,2000.

[43]FLOWER L. The role of written language in composing[J]. College composition and communication,1990,41(4),365-394.

[44]GRADBE W, STOLLER F L. Teaching and researching reading [M]. White Plains: Longman,1997.

[45]HALLIDAY M A K,HASAN R. Cohesion in English[M]. London:Longman,1976.

[46]Hyland,K. Second language writing[M]. Cambridge:Cambridge University Press,2003.

[47]MASLOW A H. Motivation and personality[M]. New York:Harper & Row,1954.

[48]MCARTHY M. Discourse analysis for language teachers [M]. Cambridge: Cambridge University Press,1991.

[49]PIAGET J. Structuralism[M]. New York:Harper & Row,1970.

[50]PINTRICH P R,SCHUNK D H. Motivation in education:theory,research,and applications [M]. 2nd ed. Upper Saddle River:Merrill Prentice Hall,2002.

[51]ROGERS C R. Freedom to learn[M]. Columbus:Merrill Publishing Company,1969.

[52]RICHARDS J C,PLATT J,WEBER H. Longman dictionary of applied linguistics[M]. Harlow:Longman,1992.

[53]RYAN R M, DECI E L. Self-determination theory and the facilitation of intrinsic motivation,social development,and well-being[J]. American psychologist,2000,55(1), 68-78.

[54]SHANAHAN T,LOMAX S. Reciprocal teaching:a review of the research[J]. Review of

educational research,1988,58(4),427-457.

[55]SIBBERSON F,BURKINS L. In community with readers:transforming reading instruction with read alouds and minilessons[M]. Oxford:Taylor and Francis,2024.

[56]VAN DIJK T A. Principles of critical discourse analysis[J]. Discourse & society,19934 (2):249-283.

[57]VYGOTSKY L S. Mind in society:the development of higher psychological processes [M]. Cambridge:Harvard University Press,1978.

[61]WEST M. Teaching large classes:strategies for success[M]. New York:Routledge,1997.

后 记

教育之变,始于课堂。

党的十八大以来,"立德树人"的根本任务与核心素养培育目标,为新时代基础教育改革锚定方向。2022年《义务教育课程方案》及英语等学科新课标的颁布,明确提出"素养导向""单元整体教学"等要求,标志着我国基础教育迈入深化内涵、提质增效的新阶段。在此背景下,郑州市以"悦学课堂"为实践载体,探索出一条"乐学—善学—悦学"的素养培育路径,并凝练出六大教学模型,为一线教师提供系统化解决方案。本书正是这一创新成果的集中呈现。

缘起:从理念到行动

"悦学课堂"的诞生,源于政策引领与教学痛点的双重驱动。新课标强调"课程内容结构化""学科实践育人"。但如何将理念转化为可操作的课堂行为? 如何破解"知识灌输"与"素养培育"的失衡难题? 郑州市教研团队以问题为导向,历时三年深入百余所学校调研,结合语篇教学理论与本土实践经验,逐步构建起覆盖词汇、对话、阅读等全课型的六大模型体系。这一过程,既是对政策精神的响应,更是对教学现实的突围。

内核:模型的价值与创新

本书核心聚焦"悦学课堂"六大教学模型,其设计遵循三大原则:

素养导向:以语言能力、思维品质、文化意识等为核心目标,如"I-READ阅读模型"通过多模态语篇分析提升批判性思维;

学生本位:从情感体验出发激发内驱力,如"MAGIC语音模型"以游戏化活动实现规则内化;

实践闭环:提供"目标—策略—评价"完整支架,如"AEAE复习模型"通过分层任务实现精准巩固。

据试点校反馈,采用ALPE词汇模型的班级,学生词汇运用准确率提升26%;而依托PIPC对话模型的课堂,学生语言输出量增加逾40%。这些数据印证了模型"从实践中来,到实践中去"的生命力。

成书:凝聚团队智慧

本书由郑州市基础教育研究室陶继红老师领衔,集结杨聪、李宋佳、齐顺、崔吉娟、谢俊等教研员与一线教师智慧。编写团队历经两年打磨,从上千个课例中精选典型案例,结合理论阐释与操作指南,力求实现"模型可复制、策略可迁移",为教师提供立体化参考。

致谢与期许

本书的出版,得益于河南省基础教育课程与教学发展中心的专业指导,以及参与校师生的实践贡献。特别感谢所有提供课例的教师,你们的课堂是理论扎根的沃土。

教育是"做"的哲学。我们期待这本书成为教师案头常备的"工具指南",助力更多课堂实现从"教知识"到"育素养"的跨越。改革之路虽远,行则必至;愿"悦学"之光,照亮每一间教室。

编者团队

2024 年 10 月